U0904046

高职高专示范专业课程改革规划教材

汽车整车性能与检测

主编　仇雅莉

参编　郗宏勋　蒋南希

毛　丽　刘智婷

主审　汤北湘

机械工业出版社

本书以汽车整车性能检测为主线，介绍了汽车检测站及汽车主要使用性能的相关知识；贯穿整个汽车不解体检测诊断技术，介绍了汽车动力性能检测、汽车经济性能检测、汽车制动性能检测、汽车操纵稳定性能检测、汽车平顺性能检测、汽车通过性能检测、汽车车速表检测、汽车前照灯检测、汽车尾气检测、汽车噪声检测的内容，阐述了上述检测项目所用仪器设备的结构、原理和检测方法。

本书理论联系实际，通俗易懂，可作为高职高专院校汽车运用与维修专业及其相近专业的教材，也可作为从事汽车检测与维修工作的技术人员的参考书。

图书在版编目（CIP）数据

汽车整车性能与检测/仇雅莉主编. —北京：机械工业出版社，2010.1（2014.7重印）

高职高专示范专业课程改革规划教材

ISBN 978-7-111-29770-3

Ⅰ.①汽… Ⅱ.①仇… Ⅲ.①汽车—性能—检测—高等学校：技术学校—教材Ⅳ.①U472.9

中国版本图书馆CIP数据核字（2010）第025477号

机械工业出版社（北京市百万庄大街22号 邮政编码100037）
策划编辑：葛晓慧 责任编辑：葛晓慧 版式设计：霍永明
封面设计：路恩中 责任校对：刘怡丹 责任印制：李 洋
北京瑞德印刷有限公司印刷（三河市胜利装订厂装订）
2014年7月第1版第2次印刷
184mm×260mm · 10.25印张 · 229千字
4001—6000册
标准书号：ISBN 978-7-111-29770-3
定价：20.00元

前　言

随着我国汽车工业的迅速发展、汽车技术的不断更新，对汽车维修行业从业人员提出了更高的要求。为适应我国汽车维修行业技能型紧缺人才培养的需要，同时也为配合高等职业院校进行示范性院校建设开展的课程教学改革，编者在所在学校专业教学改革的基础上，编写了学习情境化、任务驱动型的教材。

本书以汽车整车性能检测为主线，包括 11 个学习情境，介绍了汽车检测站及汽车主要使用性能的相关知识；贯穿整车汽车不解体检测诊断技术，介绍了汽车动力性能检测、汽车经济性能检测、汽车制动性能检测、汽车操纵稳定性能检测、汽车平顺性能检测、汽车通过性能检测、汽车车速表检测、汽车前照灯检测、汽车尾气检测、汽车噪声检测的内容，阐述了上述检测项目所用仪器设备的结构、原理和检测方法。

本书采用情境化设计，以具体的工作任务引入知识的学习和技能的训练，循序渐进，符合学生心理特征和认知、技能养成规律；结构、体裁新颖，教学时既可以按顺序逐个情境进行教学，也可以几个情境同时进行教学，有利于教学的组织和安排。每个学习情境都开发了若干工作任务和工作任务单，以提高学习者在实际生产中的知识应用能力。

本书注重理论联系实际，理论知识力求通俗易懂，深入浅出；实践知识注重实用，力求反映生产实际中的新知识、新技术、新设备、新工艺、新方法。

本书由湖南交通职业技术学院组织编写，由汤北湘主审，仇雅莉主编（绪论、学习情境1、8），参加编写的有郗宏勋（学习情境2、3、9）、蒋南希（学习情境4、5）、毛丽（学习情境6、7）、刘智婷（学习情境10、11）。

本书在编写过程中得到了相关单位领导和技术人员的大力支持，并参考了汽车界同仁的著作，在此一并表示感谢。

限于编者经历及水平有限，书中难免有不妥之处，恳请读者批评、指正。

编　者

目　录

绪　论

课程学习目标：

通过本课程的学习，培养学生达到以下能力：

1）具有正确使用汽车检测诊断仪器、仪表和设备的能力。

2）具有独立主持完成汽车整车检测作业、正确处理检测结果、提出技术处理方案的能力。

3）初步具备汽车检测工作的组织管理能力。

汽车的发明给人们的工作、生活带来了极大的便利，同时也带来了大气污染、噪声和交通安全等一系列问题。汽车自身是一个复杂的系统，随着行驶里程的增加和使用时间的延续，其技术状况将不断恶化，使用性能不断下降。这就要求人们一方面要不断研制性能优良的汽车；另一方面要借助维护和修理等措施，保持和恢复其技术状况。汽车使用性能检测就是在汽车使用、维护和修理中对汽车的技术状况进行测试和检验，使汽车达到国标标准规定的“机动车运行安全技术条件”和“汽车运输车辆技术管理规定”的要求。

一、汽车使用性能概述

汽车使用性能是指汽车在一定的使用条件下，以最高效率工作的能力。汽车常用的使用性能有动力性、燃料经济性、制动性、操纵稳定性、行驶平顺性和通过性等。

汽车的动力性表示汽车克服行驶阻力，达到高的平均行驶速度的能力。它直接影响汽车的运输效率，是各种使用性能中最基本、最重要的性能。

汽车的燃料经济性表示汽车以尽量少的燃料消耗量完成单位运输工作的能力。它影响汽车运输成本的高低，与经济效益密切相关。

汽车的制动性表示汽车能在短时间内迅速降低行驶速度直至停车并保持方向稳定的能力。它直接影响行驶安全，也关系到动力性的有效发挥。

汽车的操纵稳定性包含着互相联系的两个内容：一个是操纵性，另一个是稳定性。操纵性表示汽车能及时而准确地按照驾驶员的指令行驶的能力；稳定性表示汽车抵抗外界干扰保持稳定行驶的能力。它同样影响着汽车的行驶安全。

汽车的行驶平顺性表示汽车在行驶过程中保持乘员所处振动环境具有一定舒适度的性能，对于载货汽车还包括保持货物完好的性能，它影响乘坐的舒适性。

汽车的通过性表示汽车能以足够高的平均速度通过各种坏路和障碍物的能力，它影响汽车的越野性能。

除以上使用性能对汽车的使用带来影响以外，汽车排放的废气、产生的噪声也严重影响人类生存的环境和人类的健康，因此汽车尾气和噪声检测也已成为了汽车检测项目中不可缺少的部分。

二、汽车检测技术概述

汽车检测技术是利用各种检测仪器和设备，对汽车在不解体情况下确定汽车技术状况或工作能力进行的检查和测量。

汽车检测技术依靠先进的传感技术与检测技术，采集汽车的各种具有某些特征的动态信息，并对这些信息进行分析和处理，区分、识别并确认其异常表现，预测其发展趋势，查明其产生原因、发生部位和严重程度，提出针对性的维修措施和处理方法的技术。

汽车检测技术是伴随着汽车技术的发展而发展的。在汽车发展的早期，人们主要通过有经验的维修人员采用“望”、“闻”、“嗅”、“切”的方式发现汽车故障并作有针对性的修理。随着现代科学技术的进步，特别是计算机技术的进步，汽车检测技术也飞速发展。目前人们已能依靠各种先进的仪器设备，对汽车进行不解体检测，而且安全、迅速、准确。

学习情境 1

汽车检测站的认识

学习目标：

通过本学习情境的学习，需要做到：

1）能够识别汽车检测站的类型，并能描述其功能。

2）能够分析汽车检测站的工艺布局。

3）能够制订检测工作流程。

情境描述：

某市由于近年来汽车保有量迅速增加，在城东区新建了一个汽车检测站，招收了一批新员工，要求培训上岗。公司请你作为培训师，完成对新员工的培训任务。

咨询：

作为汽车检测站的员工，应该具备的相关知识和技能有：

1）国家相关的检测制度。

2）汽车检测站的职能。

3）汽车检测站的检测项目和设备名称。

4）汽车检测站的检测工艺。

5）安全、环保意识。

根据以上分析，对新员工的培训可以从以下三个工作任务来完成：

- 汽车检测制度和检测标准。
- 汽车检测站的总体认识。
- 车辆检测工艺流程的设计与实施。

工作任务1　汽车检测制度和检测标准

【基础知识】

一、汽车检测制度化

为对所有道路运输车辆加强技术管理，保持运输车辆技术状况良好，保证汽车的行驶安全，充分发挥运输车辆的效能，降低运输成本，1990 年 3 月 7 日交通部发布了 13 号部令《汽车运输业车辆技术管理规定》，凡是在我国从事道路汽车运输的单位和个人都属于此规定的管理范围。

交通部 13 号令要求车辆技术管理以预防为主和技术与经济相结合的原则，对车辆实行择优选配、正确使用、定期检查、强制维护、视情修理、合理改造、适时更新和报废的全过程综合管理。明确了车辆定期检测是车辆技术管理的一个重要组成部分，也是汽车检测站纳入车辆技术管理组织的主要依据。

交通部 13 号令明确了运输车辆定期进行“汽车综合性能检测”的制度化。要求各地应建立运输车辆检测制度，根据车辆从事运输的性质、使用条件和强度以及车辆新旧程度等进行定期检测，确保车辆技术状况良好。运输车辆只有在认定的汽车综合性能检测站通过了检测后，才能从事汽车的营运。检测诊断的主要内容包括：汽车的安全性（制动、侧滑、转向、前照灯等）、可靠性（异响、磨损、变形、裂纹等）、动力性（车速、加速能力、底盘输出功率、发动机功率、燃油供给系和点火系故障等）、经济性（燃油消耗）、噪声和废气排放状况等。

二、汽车检测标准化

GB 7258—2012《机动车运行安全技术条件》规定了机动车的整车及发动机、转向系、制动系、照明与信号装置、行驶系、传动系、车身、安全防护装置等有关运行安全和排气污染物排放控制、车内噪声和驾驶员耳旁噪声控制的基本技术要求及检验方法。

为了保证交通安全、减小环境污染、保证在用汽车处于良好的技术状况，国家公安、交通、环保等部门先后发布过多项法律和相关标准，对在用汽车进行严格的管理。

我国与检测诊断相关的标准和法规，包括汽车维护、汽车修理、交通安全、环保等各个方面，主要如下所列：

GB/T 15746—2011《汽车修理质量检查评定方法》

GB/T 3798—2005《汽车大修竣工出厂技术条件》

GB 7258—2012《机动车运行安全技术条件》

GB 4599—2007《汽车用灯丝灯泡前照灯》

QC/T 476—2007《客车防雨密封性限值及试验方法》

JT/T 198—2004《营运车辆技术等级划分和评定要求》

交通部《汽车运输业车辆技术管理规定》

交通部《道路运输车辆维护管理规定》

交通部《汽车维修质量管理办法》

交通部《汽车运输车辆综合性能检测站管理办法》

公安部《机动车辆安全技术检测站管理办法》

GB/T 17692—1999《汽车用发动机净功率测试方法》

GB/T 17993—2005《汽车综合性能检测站能力的通用要求》

GB 18285—2005《点燃式发动机汽车排气污染物排放限值及测量方法（双怠速法及简易工况法）》

GB 3847—2005《车用压燃式发动机和压燃式发动机汽车排气烟度排放限值及测量方法》

GB 14763—2005《装用点燃式发动机重型汽车燃油蒸发污染物排放限值》

GB 11340—2005《装用点燃式发动机重型汽车曲轴箱污染物排放限值》

工作任务2　汽车检测站的总体认识

【基础知识】

一、汽车检测站的类型和职能

按服务功能，检测站可分为安全环保检测站、维修检测站和综合性能检测站。

1. 安全环保检测站

汽车安全环保检测站是一种专门从事定期检查运行车辆是否符合有关安全技术标准和防止公害等法规的规定，执行监督任务的检测站，由公安部门管理，是国家的执法机构。它一般是针对汽车行驶安全和对环境的污染程度进行总体检测，并与国家有关标准比较，给出“合格”或“不合格”的结果，而不进行具体的故障诊断和分析。检测结果作为发放或吊扣车辆行驶证的依据。

为贯彻国家标准 GB 7258—2012《机动车运行安全技术条件》，机动车安全环保检测站设置的检测项目有：

1）外观检查。

2）前照灯光束及配光检查。

3）前轮侧滑量检测。

4）车速表校验。

5）制动性能检查。

6）废气排放检测。

7）噪声大小及喇叭音量检测。

2. 维修检测站

维修检测站通常由汽车运输企业或维修企业建立，其作用是为车辆维修部门服务。它以汽车性能检测和故障诊断为主要内容，这种检测站通过对汽车维修前进行技术状况检测和故障诊断，可以确定汽车附加作业、小修项目以及车辆是否需要大修；同时通过对维修后的汽车进行技术检测，可以监控汽车的维修质量。

3．综合性能检测站

综合检测站既能担负车辆安全、环保方面的检测任务，又能担负汽车维修中的技术检测，还能承担科研、制造和教学等部门的有关汽车性能试验和参数测定。这种检测站设备多而齐全，自动化程度高，既可进行快速检测，以适应年检要求；又可以进行高精度的测试，以满足技术评定的需要。这种检测站的检测结果可作为交通运输管理部门发放或吊扣营运证的依据，以及作为确定维修单位车辆维修质量的凭证。

汽车综合性能检测站一般由两条线组成：一条是安全环保检测线；另一条是综合性能检测线。检测项目既保留了安全环保的检测项目，又增加了汽车动力性、经济性、可靠性等内容，同时还加入了一些诊断功能，如发动机故障诊断、四轮定位故障诊断等。

二、汽车检测站的组成

检测站主要由一条至数条检测线组成。安全检测站一般由一条至数条安全环保检测线组成。其中，一条为大、小型汽车通用自动检测线，另一条为小型汽车（轴重500kg或以下）的专用自动检测线。除此以外，还配备一条新车检测线，以供对新车登录、检测之用。

综合检测站一般由安全环保检测线和综合检测线组成，可以各为一条，也可以各为数条。我国交通系统建成的检测站大多属于综合检测站，一般由一条安全环保检测线和一条综合检测线组成，如图 1-1 所示。

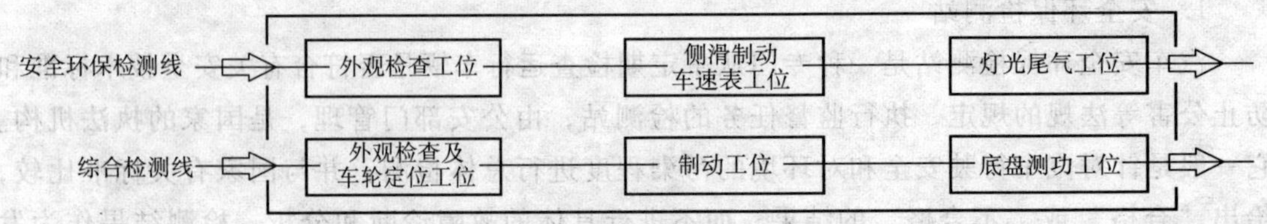

图 1-1　双线综合检测站平面布置示意图

对于独立完整的检测站，除检测线外，还应包括清洗站、停车场、泵气站、维修车间及办公生活区等。

工作任务3　车辆检测工艺流程的设计与实施

【基础知识】

一、汽车检测线的工位设置

不管是安全环保检测线还是综合检测线，它们都由多个检测工位组成。

检测线工位的设置、工位检测项目的安排以及检测顺序的确定并无标准规定，但是，为提高检测线的工作效率，设计时最好遵循“三最原则”，即检测时全线综合效率最高、所需人员最少、对现场的污染最小。根据这一原则，汽车检测线通常将所有检测项目分为3~5个工位，且各工位节拍尽量趋向一致，检测线的布置形式多为直线通道式，其检测工位按一定顺序分布在直线通道上。

1. 安全环保检测线

手动式和半自动式安全环保检测线一般由外观检查工位、侧滑制动车速表工位和灯光尾气工位三个工位组成。全自动式安全环保检测线既可以由上述3工位组成，也可以由4工位或5工位组成。5工位一般是汽车资料输入及安全装置检查工位、侧滑制动车速表工位、灯光尾气工位、车底检查工位、综合判定及主控制室工位。5工位全自动安全环保检测线如图1-2所示。

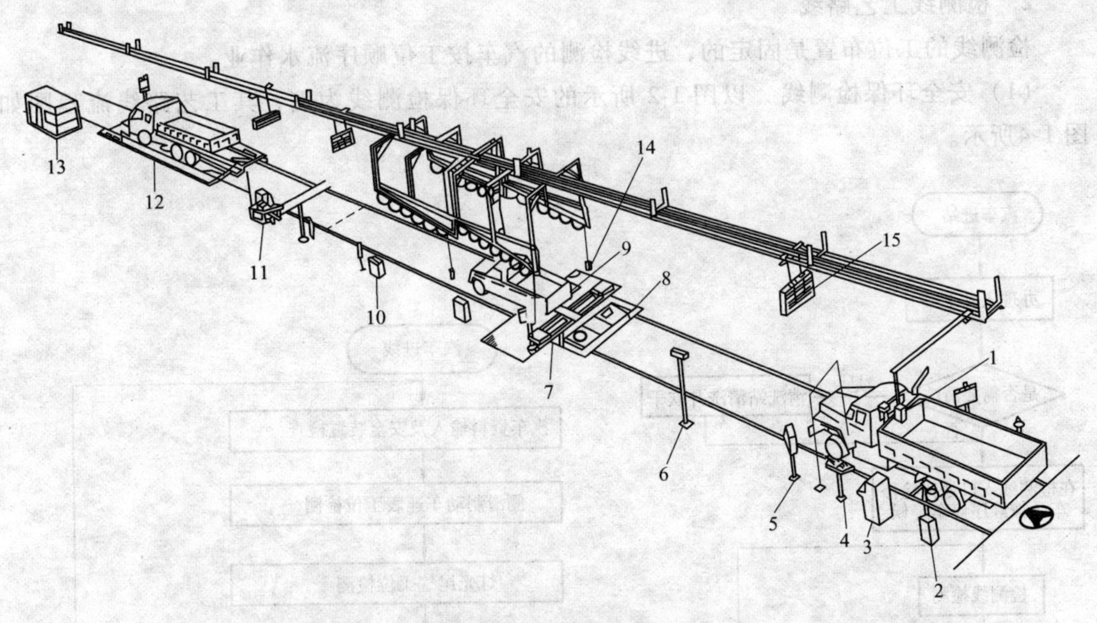

图1-2　5工位全自动式安全环保检测线

1—进线指示灯　2—烟度计　3—汽车资料登录微机　4—安全装置检查不合格项目输入键盘　5—烟度计检验程序指示器　6—电视摄像机　7—制动试验台　8—侧滑试验台　9—车速表试验台　10—废气分析仪　11—前照灯检测仪　12—车底检查工位　13—主控制室　14—车速表检测申报开关　15—检验程序指示器

安全环保检测线不管工位如何划分，也不管工位顺序如何编排，其检测项目是固定的，因而均布置成直线通道式，以利于进行流水作业。

2. 综合检测线

综合检测线一般有两种类型：一种是全能综合检测线；另一种是一般综合检测线。全能综合检测线设有包括安全环保检测线主要检测设备在内的比较齐全的工位，而一般综合检测线设置的工位不包括安全环保检测线的主要检测设备。

图1-1所示的综合检测线即为全能综合检测线。它由外观检查及车轮定位工位、制动

工位和底盘测功工位组成，能对车辆技术状况进行全面检测诊断，必要时也能对车辆进行安全环保检测。这种检测线的检测设备多，检测项目齐全，与安全环保检测线互不干扰，因而检测效率相对较高，但建站费用也高。

综合检测线上各工位的车辆，由于检测项目不一、检测深度不同，很难在相同的时间内检测完毕，容易造成检测堵车现象。为此可在各工位横向布置成尽头式或其他形式，以提高检测效率。

二、汽车检测站的检测工艺

汽车进入检测站后，在站内、线内只有按照规定的检测工艺路线和检测工艺程序流动，才能完成整个检测过程。

1．检测站工艺路线

对于一个独立而完整的检测站，汽车进站后的工艺路线流程如图 1-3 所示。

2．检测线工艺路线

检测线的工位布置是固定的，进线检测的汽车按工位顺序流水作业。

（1）安全环保检测线　以图 1-2 所示的安全环保检测线为例，其工艺路线流程图如图 1-4所示。

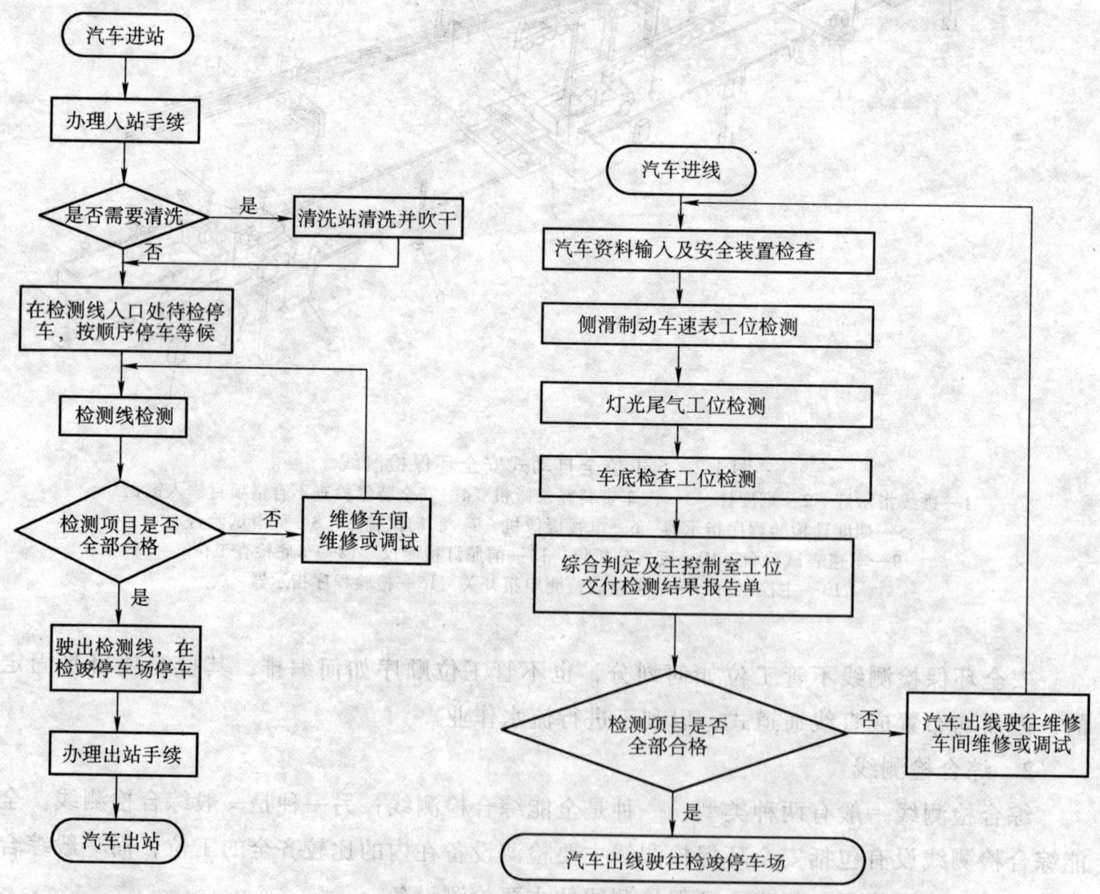

图 1-3　检测站工艺路线流程图

图 1-4　全自动式安全环保检测线工艺路线流程图

(2) 综合检测线　以图 1-1 所示全能综合检测线为例，其工艺路线流程图如图 1-5 所示。

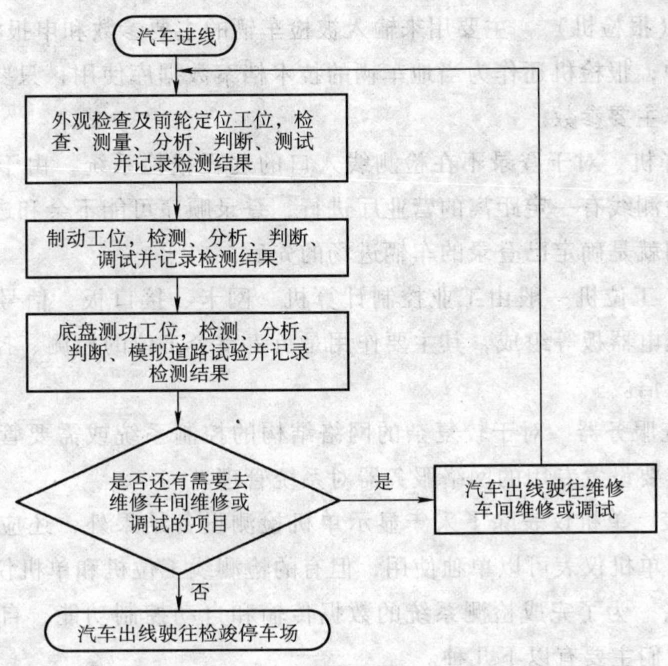

图 1-5　全能综合检测线工艺路线流程图

三、汽车检测线的微机控制系统

全自动检测线与手动检测线最大的区别在于增加了一套微机控制系统。

1. 微机控制系统的功能

1) 数据采集、过程指示功能：能对数据自动采集、显示、传输。检测过程中，在工位上通过 LED 点阵屏等对检测员进行操作引导。

2) 车辆信息和检测结果管理功能：能对车辆信息、检测结果进行查询、统计、打印等处理，并可对上级主管机关传送数据。

3) 检测标准查询、设定功能：能对系统使用的检测标准进行查阅或根据新发布的标准对原标准更新。

4) 软件标定功能：能对系统的模拟量输入通道进行软件标定。

5) 设备自检功能：能对系统的部分硬件进行检查。

6) 数据库自动维护和修复功能：能对系统的数据库自动进行备份、整理、修复。系统提供不同权限的账号，分别用于日常工作和系统维护。

2. 微机控制系统的组成

汽车检测站检测控制系统的任务是数据采集、处理、判断、实时控制、数据处理，一般由以主控机、登录机、进检选择机、工位机、服务器、仪表及附属设备等组成。

(1) 主控机　主控机是全系统的指挥中心、调度中心，一般由工业计算机担任。其任务是收集数据，并根据有关标准判断是否合格，然后显示、打印，并将数据存储，同时主控机还要根据登录机申报的数据和光电开关的信号决定检测过程，指挥各工位的运行和单机实验台动作。检测数据的打印一般也由主控机完成。

（2）登录机（报检机） 主要用来输入被检车辆的主要参数和申报将要检测的类型，在一些检测系统中，报检机还作为当地车辆的技术档案数据库使用；只要输入车辆牌照号码，就能调出该车主要参数。

（3）进检选择机 对于登录不在检测线入口的远程报检系统，由于登录和办理有关申验手续要在离检测线有一定距离的营业厅进行，登录顺序可能不会和进检测线的次序相同，选择机的作用就是确定已登录的车辆进场的先后。

（4）工位机 工位机一般由工业控制计算机、网卡、接口板、信号调制板、输入输出板、驱动板和继电器板等组成，其主要作用是负责整个工位的检测、控制、驾驶员引导以及和主控机的通信。

（5）控制系统服务器 对于较复杂的网络结构的控制系统或需要管理两条以上检测线的控制系统，需要设置专用的网络服务器对系统管理。

（6）单机仪表 单机仪表除了采集显示单机检测设备结果外，还应该担负向上位机传输数据的作用，单机仪表可以单独使用，但有的检测线工位机和单机仪表是一体的。

（7）附属设备 为了完成检测系统的数据传输和自动控制功能，自动型检测线还有一些附属设备，它们主要有以下几种。

1）LED 电子显示屏：分吊装式和立柱式两种，指示引车员和工作人员的操作。

2）红外光电开关：由红外发光体和接收体及继电开关或电子开关组成，当汽车通过时，红外开关发生变化，把开关量信号传至工位机，通知工位机车辆到位情况。

3）摄像机和监视器：通过电视监视系统可以观察全场或车辆各部位的情况，便于操作人员工作。

4）供电系统：供电质量是关系到检测系统是否能稳定工作的重要一环。供电原则是：动力、照明、仪表、计算机必须分别供电，并注意各相负载要均衡，要根据设备不同的要求，采用不同的稳压方式。

3．微机控制系统的控制方式

（1）集中式 图 1-6 所示为集中式控制系统的构成框图。各个检测设备的模拟信号经放大后，直接送至主控机进行模拟量到数字量的变换。整个检测系统的数据采集、处理、

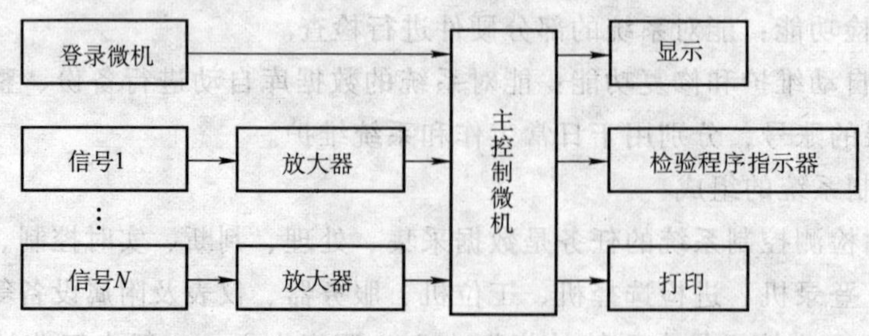

图 1-6 集中式控制方式框图

判断、控制、打印全部功能都由主控机完成。这种方案的特点是简单易行、造价低，但由于主控机任务繁多，易受干扰，且由于模拟量的长线传输降低了测量精度。对于不配备单机显示仪表的系统来说，由于没有多余措施，一旦主控机发生故障，整个检测系统就要停止工作。

（2）接力式　接力式控制系统如图 1-7 所示，也可称为分布式控制系统。在这种控制系统中每个工位分别设一个控制机，对本工位检测设备的信号进行采集、处理和显示，并将处理完的数据值传输至下一工位，全部检测数据可以由最后一级控制机进行打印和统计。这种控制方式简单易行，造价也比较低，国内外有相当一部分检测线采用这种方案。但是接力式控制系统，由于缺乏高级的指挥调度中心，所以它的功能受到限制，难以实现较高程度的自动控制，对复杂的控制对象适应性较差。

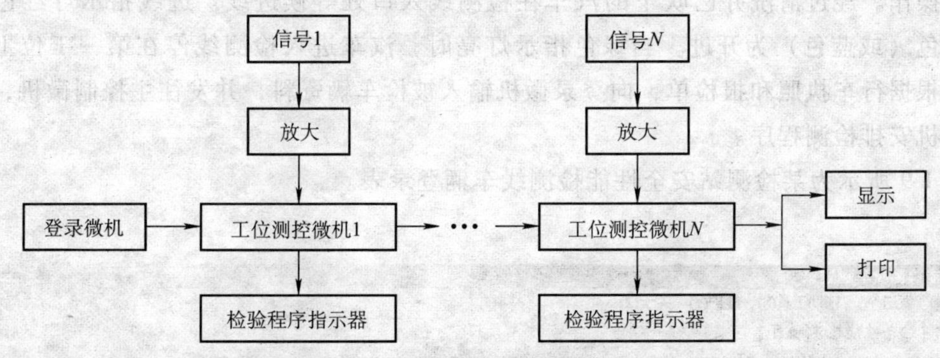

图 1-7　接力式控制方式框图

（3）分级分布式　分级分布式控制方式是应用较为广泛的一种控制方式，如图 1-8 所示。

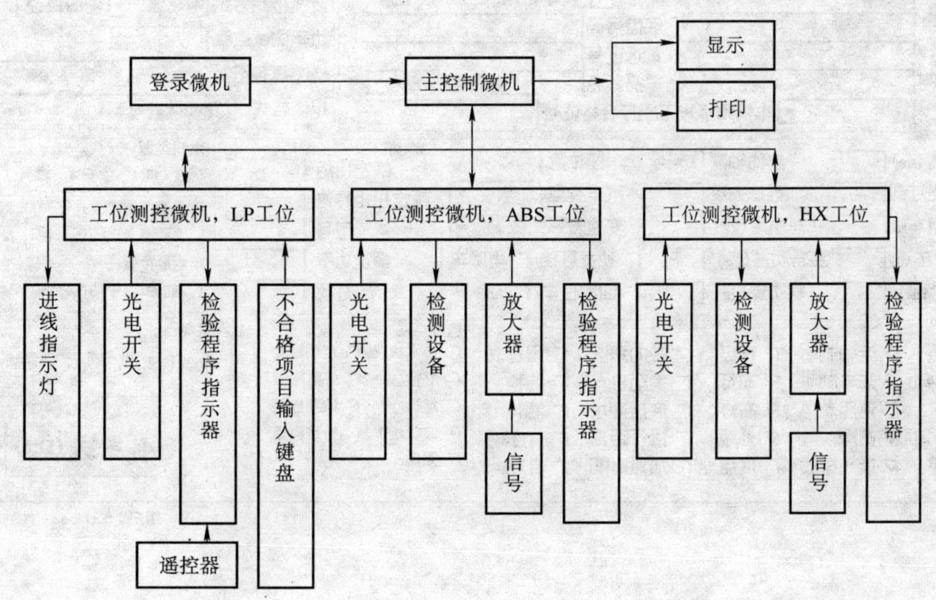

图 1-8　二级分布式控制方式框图

第一级为测控现场控制级，由分布在各工位上的测控微机完成测控工作，主要担负检测设备运行控制、数据采集的通信等任务；第二级为管理级，由主控微机完成测控工作，具有安排检测程序、担负全线调度、综合判定检测结果、存储并集中打印检测结果报告单和管理数据库等功能。

【任务实施】

检测工艺流程即某一汽车接受检测的全过程。以图 1-4 所示全自动安全环保检测线的全工位检测为例予以说明。

1．汽车资料输入及安全装置检查工位

（1）汽车资料输入　汽车资料登录微机一般放置在进线控制室或检测线入口处，由登录员操作。经过清洗并已吹干的汽车在检测线入口处等候进线。进线指示灯红色为等待，绿色（或蓝色）为开进。当绿色指示灯亮时，汽车进入检测线停在第一工位上，由登录员根据行车执照和报检单，向登录微机输入被检车辆资料，并发往主控制微机，由主控制微机安排检测程序。

图 1-9 所示为某检测站安全性能检测线车辆登录表。

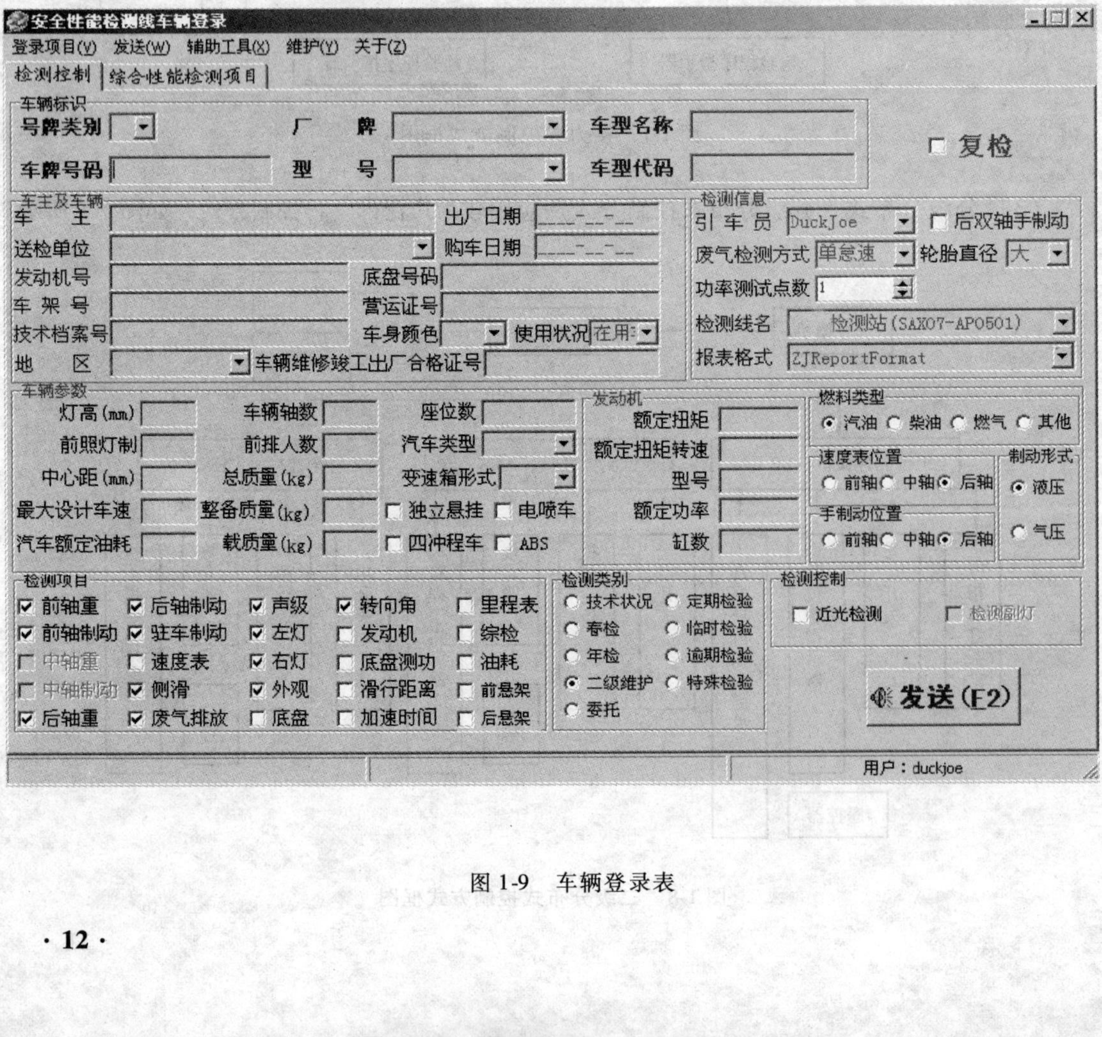

图 1-9　车辆登录表

国内的检测线很多是在汽车进线前就已经将有关资料输入登录微机的。此后，当第一工位空位时，登录员及时将输入的资料发往主控制微机，由主控制微机安排检测程序。

(2) 安全装置检查工位　汽车在本工位停稳后，由检查人员进行汽车上部的灯光和安全装置的外观检查（Lamps And Safety Device Inspection），可简称为L工位，检查内容见表1-1。

表1-1　汽车上部外观检查项目

序号	检查项目	序号	检查项目
1	远光灯	16	离合器、变速器
2	近光灯	17	制动踏板自由行程
3	制动灯	18	驻车制动操纵杆
4	侧车灯	19	转向器自由转动量
5	牌照灯	20	油箱、油箱盖
6	示宽灯、辅助灯、标志灯	21	挡泥板
7	室内灯	22	防护网及连接装置
8	车厢、座位	23	电器导线
9	车门、车窗	24	起动机
10	车身、漆面	25	发电机、蓄电池
11	后视镜	26	灭火器
12	风窗玻璃	27	仪表、仪表灯
13	刮水器	28	机油低压报警器
14	喇叭	29	半轴螺栓
15	轮胎、轮胎螺栓	30	座椅安全带

在本工位检查中，若有不合格项目，可通过不合格项目输入键盘报告主控制微机，并在检查完毕后及时按下该键盘上的“检查结束”键，否则主控制微机将一直等待。主控制微机判定检查结果时，只要有一项不合格，即判定安全装置检查不合格，并将检查结果分别在主控制室的主控制微机显示器上和本工位检验程序指示器上同时显示。当显示“O”时为合格，显示“×”时为不合格。

2. 侧滑制动车速表工位

第一工位检查完毕后，根据工位指示器提示，受检车辆驶入第二工位进行侧滑制动车速表检测。本工位由侧滑检测（Alignment Inspection）、轴重检测（weight Inspection）、制动检测（Brake Test）和车速表检测（Speedometer Test）组成，简称ABS工位。

受检车进入第二工位后，若是一般后驱动，后驻车制动（手制动作用在后轮）的车，按以下程序进行。

1）侧滑检测：让汽车低速驶过侧滑试验台，此时不可转动转向盘。通过后，第二指示器即可显示侧滑检测结果。

2）将前轮驶上轴重仪测量前轴重。

3）将前轮驶上制动试验台测量前轴制动力。按工位指示器的提示，将制动踏板踩到底，即可测得前轴制动效果。此时指示器会显示出检测结果。若结果不合格，允许重测一次。

4）后制动检测时，将后轮驶上制动试验台，按指示器的提示踩住制动踏板。指示器会显示后制动结果。若不合格，允许重测一次。

5）测量驻车制动方法与测量前、后轮制动相同。可按指示器的提示拉住驻车制动杆。若不合格，允许重测一次。

6）车速表校验时，将后轮驶上车速表试验台，驾驶员手持测试按钮。慢踩加速踏板（油门），当车速表指示40km/h时按下测试按钮。指示器可显示检测结果，若不合格允许重测一次。测完后放松加速踏板，使车轮停转。

注意：检测顺序与驱动轮的位置以及驻车制动器安装位置有关。处理的原则，就是测完前轮的项目之后，再测后轮的项目，以免车辆倒退。

3．灯光尾气工位

本工位主要由前照灯检测（Head Light Test）、排气检测（Exhaust Gas Test）、烟度检测（Diesel Smoke Test）和喇叭声级检测（Noise Test）组成，简称HX工位。

受检车进入该工位后，按以下步骤操作：

1）将汽车停在与前照灯检测仪一定距离处（一般距离是3m），面向正前方。前照灯仪会自动驶入，分别测量左右灯远光的发光强度和照射方向。检测结果会在工位指示器上显示。

2）按指示器要求检测废气或烟度。测废气时，令发动机处于怠速状态，将探头插入排气管，几秒钟之后指示器即显示检测结果。测烟度时，应在发动机怠速状态下，将加速踏板迅速踩到底。几秒钟之后指示器也会显示检测结果。烟度检测要求测三次，取平均值。

3）噪声或喇叭音量测试时，按提示要求按喇叭约2s，或按要求测量车内噪声。测完后，指示器会显示检测结果。

4．车底检查工位

车底检查（Pit Inspection）工位，简称为P工位，此工位以人工方式检查车底情况，如部件连接是否牢固、有无变形、断裂，水、电、油、气有无泄漏等。检测人员通过对讲机或自制的按钮板等设备，将结果送至主控微机。

5．综合判定及主控室工位

汽车到达本工位时检测项目已全部检测完毕，主控制微机对各工位检测结果进行综合判定后，由打印机集中打印检测结果报告单，并由检测长送给被检车汽车驾驶员。

工作任务单

学习情境1　汽车检测站的认识			
检测站名称：			
姓名：	班级：	学号：	成绩：
日期：	指导教师签字：		

一、写出下列词语的英文翻译

检测________________　检测站________________

安全________________　环保________________

工艺________________　流程________________

二、参观汽车检测站，完成实训项目工作任务报告单

1. 实训目的

(1) 了解汽车检测站的职能。

(2) 掌握汽车检测站的工艺布置。

(3) 掌握汽车检测站的检测项目和设备。

2. 实训内容

根据参观学习，回答下列问题：

(1) 你所参观的汽车检测站属于哪种性质的检测站？

____

____

____

(2) 检测站有哪些检测设备？

____

____

____

____

____

____

____

(3) 检测站能开展哪些检测项目？

(4) 画出检测线工位布置框图。

(5) 写出车辆检测流程。

学习情境 2

汽车动力性能检测

学习目标：

通过本学习情境的学习，需要做到：

1）能对汽车的动力性能进行评价和分析。

2）能提出改善汽车动力性能的方法。

3）能够制订工作计划并完成汽车动力性能的检测任务。

4）能对检测结果进行分析判定。

情境描述：

维修站业务接待员接待一位客户，客户反映他驾驶的丰田轿车在公路上行驶加速、爬坡无力，要求对汽车动力性能进行检测。售后服务经理要求你承接此项工作，做出工作计划和信息采集，并完成该车动力性能的检测工作。

咨询：

要完成上述工作，必须具备的知识和技能有：

1）汽车动力性能评价指标及其影响因素。

2）汽车动力性能检测设备的结构、原理和使用方法。

3）汽车动力性能的检测方法。

4）国家相关的检测标准。

根据以上分析，汽车动力性能检测的学习情境可通过实施以下四个工作任务来完成：

- 汽车动力性能分析。
- 汽车发动机功率检测。
- 汽车底盘输出功率检测。
- 汽车动力性能道路试验。

工作任务1　汽车动力性能分析

【基础知识】

汽车动力性是指汽车在良好路面上直线行驶时由汽车受到的纵向外力所决定的、能达到的平均行驶速度。提高汽车平均行驶速度，就会提高汽车的运输效率，所以动力性是汽车各种性能中最基本、最重要的性能。

一、汽车动力性能评价指标

汽车的动力性能由以下3方面指标来评价：

1．汽车的最高车速 u_{amax}（km/h）

汽车的最高车速是指汽车以厂定最大总质量状态在风速不大于3m/s的条件下，在干燥、清洁、平坦的混凝土或沥青路面上，汽车直线行驶能够达到的最高稳定行驶速度。

2．汽车的加速能力

汽车的加速能力是指汽车在各种使用条件下迅速增加行驶速度的能力，通常用加速过程中的加速时间来评定。

加速时间是指汽车以厂定最大总质量状态在风速不大于3m/s的条件下，在干燥、清洁、平坦的混凝土或沥青路面上，由某一低速加速到某一高速所需的时间。汽车加速时间包括原地起步加速时间和超车加速时间两种。

1）原地起步加速时间指汽车由低挡起步，并以最大的加速强度逐步换至最高挡，达到某一车速或距离所需的时间。一般常用原地起步行驶，从0→100km/h车速所需的时间来表明汽车原地起步加速时间；也有用原地起步从以0→400m距离所需的时间来表明汽车原地起步加速时间。

2）超车加速时间指用高挡由某一较低车速全力加速至某一高速所需的时间。因为超车时汽车与被超车辆并行，容易发生交通安全事故，所以，超车加速能力强，并行行驶时间短，行驶就安全。超车加速能力采用较多的是用高挡由30～40km/h全力加速行驶至某一高速所需的时间来表示。还可用车速—加速时间关系的加速曲线来全面反映汽车的加速能力。

3．汽车的上坡能力

汽车的上坡能力是指在风速不大于3m/s的条件下，汽车满载时在良好路面上的最大爬坡度 i_{max} 来表示。

最大爬坡度是指一挡时的最大爬坡度。轿车最高车速高，加速时间短，经常行驶在良好路面上，一般不强调它的爬坡能力，但实际上它的低挡加速能力大，故爬坡能力也强。货车在各种路面上行驶，要求具有足够的爬坡能力，一般在30%，即16.7°左右。越野汽车要在坏路或无路条件下行驶，故它的最大爬坡度要求达到60%，即31°左右。

二、汽车的驱动力与行驶阻力

为了分析汽车的动力性能，确定汽车沿行驶方向的运动状况，需要掌握沿汽车行驶方向作用于汽车的各种外力，即驱动力与行驶阻力。

1. 汽车的驱动力 F_t

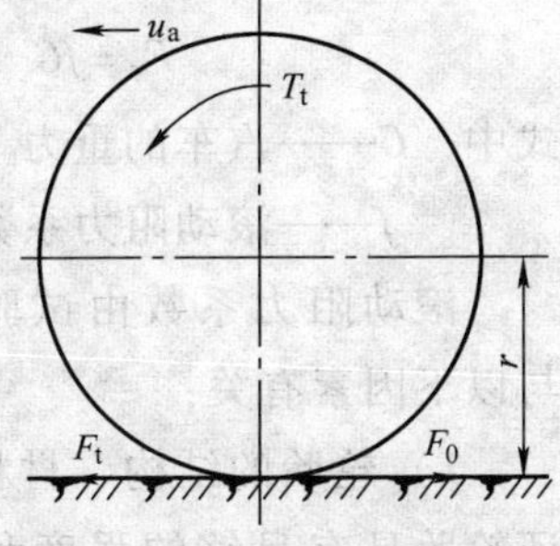

图 2-1 汽车的驱动力

汽车发动机发出的转矩，经传动系传给驱动车轮，此时作用于驱动车轮上的转矩 T_t 可由下式求得：（见图 2-1）

$$T_t = T_{tq} i_g i_0 \eta_T \tag{2-1}$$

式中 T_{tq}——发动机转矩（N·m）；

i_g——变速器传动比；

i_0——主减速器传动比；

η_T——传动系机械效率。

驱动车轮在 T_t 的作用下，在其与地面的接触处，车轮对地面作用一圆周力 F_0，与此同时，地面给驱动车轮一反作用力 F_t，F_t 即为驱动力，其值为

$$F_t = \frac{T_t}{r} \tag{2-2}$$

式中 r——车轮半径（m）。

将式（2-1）代入式（2-2），得

$$F_t = \frac{T_{tq} i_g i_0 \eta_T}{r} \tag{2-3}$$

式（2-3）即为驱动力的计算公式，由此看出汽车的驱动力是一个变量，其数值大小与变速器所处的挡位有关，与发动机输出转矩有关。

2. 汽车的行驶阻力

汽车运动时需要克服运动中所遇到的各种阻力。这些阻力包括汽车在水平道路上等速行驶时来自汽车赖以行驶的地面的滚动阻力和来自汽车周围的空气阻力；汽车上坡行驶时的上坡阻力以及汽车在加速行驶过程中产生的加速阻力。因此汽车行驶的总阻力为

$$\sum F = F_f + F_w + F_i + F_j$$

在上述各种阻力中，滚动阻力和空气阻力在任何行驶条件下都是存在的。克服这两个阻力所消耗的能量是纯消耗，不能回收利用。但坡度阻力和加速阻力并不是这样，它们可分别在下坡和滑行时重新利用。并且上坡阻力只在汽车上坡行驶时存在，在水平道路上行驶时没有；加速阻力只在汽车加速行驶时存在，等速行驶时没有加速阻力。

（1）滚动阻力 F_f 滚动阻力是当车轮在路面上滚动时，由于两者间的相互作用和相应变形所引起的能量损失的总称。

车轮滚动时，轮胎与路面的接触区域产生相互作用力，轮胎和支承路面发生相应的变形。由于轮胎和支承面的相对刚度不同，它们的变形特点也不同。当弹性轮胎在混凝土路、沥青路等硬路面上滚动时，轮胎的变形是主要的。这时，轮胎由于有内部摩擦产生弹性迟滞损失，使轮胎变形时，损耗了一部分能量，如图 2-2b 所示中 *OCADEO* 的面积大小。车轮在软路面上的滚动损失大部分是消耗于土壤的变形损失，即土壤变形时其微粒间的机械摩擦损失。

汽车行驶时，滚动阻力可用下式计算：

$$F_f = fG \tag{2-4}$$

式中 G——汽车的重力（N）；

f——滚动阻力系数。

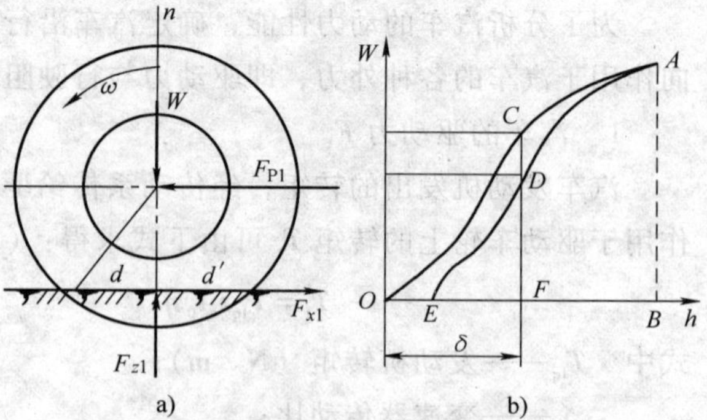

图 2-2 滚动阻力的产生及弹性迟滞损失

滚动阻力系数由试验确定，其数值与以下因素有关：

1）轮胎的结构、材料和气压。在保证轮胎具有足够的强度和使用寿命的条件下，采用较少的帘布层、较薄的胎体以及采用较好的轮胎材料均可减少轮胎滚动时的迟滞损失，减小滚动阻力系数。子午线轮胎的滚动阻力系数较低。在软路面上行驶的汽车，采用大直径宽轮缘的轮胎，使其与路面的接触面积增加，减小路面变形，因而可得较小的滚动阻力系数。轮胎的充气压力对滚动阻力系数数值影响很大，在硬路面上行驶的汽车，为了提高汽车的行驶平顺性及车轮与道路的附着性能而多采用低压轮胎，轮胎气压降低，轮胎在滚动过程中的变形加大，迟滞损失增加，因而低压轮胎比高压轮胎有较高的滚动阻力系数；在软路面上行驶的汽车，降低轮胎气压可增大轮胎与地面的接触面积，降低轮胎对地面的单位压力，减小土壤变形，轮辙深度变浅。因而由于土壤变形而引起的滚动阻力减小，滚动阻力系数较小。但过多的降低轮胎气压，致使轮胎变形过大，由于轮胎变形而引起的滚动阻力急速增长，亦可导致滚动阻力系数增加。故在软路面上行驶的轮胎，对于一定的使用条件有一最佳轮胎气压值。

2）行驶车速。行驶速度较低时，滚动阻力系数无显著变化，但在高速行驶时，由于轮胎质量的惯性影响，迟滞损失随变形速度的提高而加大，滚动阻力系数迅速增长。当车速达到某一临界车速时，轮胎会发生驻波现象，即由于轮胎变形速度提高，轮胎来不及恢复原形而使轮胎周缘不再是圆形而呈明显的波浪形；出现驻波后，不但滚动阻力系数显著增加，轮胎的温度也很快增加到 100℃以上，胎面与轮胎帘布层脱落，会出现爆胎现象。

3）径向载荷。滚动阻力系数与径向载荷有一定关系，载荷增加使轮胎变形增加，加大迟滞损失，因而滚动阻力系数也增加，但影响很小，所以可以认为滚动阻力系数不随径向载荷的大小而变化。

4）路面状况。混凝土路面、沥青路面、碎石路面、土路、沙地、雪地、冰道等路面类型和干燥、潮湿、有无尘土和雪等表层、高低凹凸不平程度等表面状态以及道路粒度、多孔度、抗压强度、抗剪强度等力学物理性质都会影响路面有无变形、变形的大小和性质。不仅如此，在不同路面上，不同的轮胎形式、结构、材料、尺寸、气压和不同的行驶车速、受力情况对滚动阻力系数的影响也不相同。所以，不同路面，尤其是在各种因素的综合影响下，所有的滚动阻力系数能在很大的范围内变动。即使同一种轮胎沿各种类型路面滚动时的滚动阻力系数差别也很大。所以在汽车工程的实际应用中，滚动阻力系数可近似地按路面类型取用，而忽略其他因素的影响。

（2）空气阻力 F_W 汽车在空气介质中运动，空气介质本身也有运动，这均将对汽车的运动产生阻力。汽车直线行驶时受到的空气作用力在行驶方向上的分力称为空气阻力。

空气阻力由两大部分组成：一是具有粘性的空气对车身表面的摩擦作用产生的阻力，称为摩擦阻力；二是作用在汽车外形表面上的法向压力在行驶方向上的分力，称为压力阻力。

压力阻力又可分为形状阻力、干扰阻力、内循环阻力和诱导阻力四部分。形状阻力是由汽车形状引起的阻力，与车身主体形状有关；干扰阻力是车身表面上一些如把手、后视镜、引水槽、驱动轴等突起物而引起的阻力；内循环阻力为发动机冷却系统以及车身通风等所需要的空气在车体内部流动时形成的阻力；诱导阻力是汽车行驶时的空气升力沿行驶方向上的分力。

一般在轿车的空气阻力中，形状阻力占 58%，干扰阻力占 14%，内循环阻力占 12%，诱导阻力占 7%，摩擦阻力占 9%。

汽车匀速行驶，且无风条件下，空气阻力可用下式计算：

$$F_{\mathrm{W}}=\frac{C_{\mathrm{D}}Au_{\mathrm{a}}^{2}}{21.15} \tag{2-5}$$

式中 C_{D}——空气阻力系数；

A——汽车的迎风面积（$\mathrm{m^2}$）；

u_{a}——汽车与空气的相对速度（km/h）。

空气阻力系数值可由道路试验、风洞试验等方法求得。迎风面积是汽车在其纵轴的垂直平面上投影的面积，这面积可直接在投影面上测得，亦常用汽车的轮距与汽车的高度之乘积近似地表示。以近似法求得的面积，对轿车来说常较实际面积大 5% ~10%，而对货车则常小 5% ~10%，计算时应加以校正。

（3）上坡阻力 F_{i}　汽车上坡行驶时，汽车重力沿坡道的分力称为汽车上坡阻力，如图 2-3 所示。

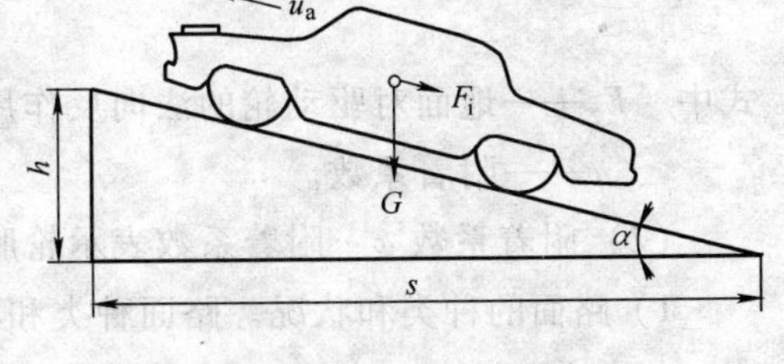

图 2-3　汽车的上坡阻力

汽车上坡行驶时，上坡阻力可用下式计算：

$$F_{\mathrm{i}}=G\sin\alpha \tag{2-6}$$

当坡度角不大时（a < 15°），坡度阻力可近似用下式计算 $F_{\mathrm{i}}=Gi$。

由于坡度阻力与滚动阻力都是与道路有关的阻力，而且都和汽车重力成正比，所以可把这两种阻力合在一起考虑，称为道路阻力。

（4）加速阻力 F_{j}　汽车加速行驶时产生的惯性力就是加速阻力，可用下式计算：

$$F_{\mathrm{j}}=\delta\frac{G}{g}\frac{\mathrm{d}v}{\mathrm{d}t} \tag{2-7}$$

式中 δ——汽车旋转质量换算系数；

G——汽车重力（N）；

g——重力加速度（$\mathrm{m/s^2}$）；

$\mathrm{d}v/\mathrm{d}t$——汽车行驶加速度（$\mathrm{m/s^2}$）。

汽车的质量包括平移质量和旋转质量两部分，加速时平移质量产生惯性力，旋转质量

（主要是曲轴、车轮、离合器总成和所有车轮）产生惯性力偶矩。为了计算方便，通常把旋转质量的惯性力偶矩转化为平移质量的惯性力，计算时，用系数 δ 作为旋转质量惯性力偶矩的汽车质量换算系数。

三、汽车行驶的驱动与附着条件

1. 汽车行驶的驱动条件

由汽车驱动力平衡方程 $F_t = F_f + F_w + F_i + F_j$ 可知：

$F_t = F_f + F_t + F_i$，汽车将等速行驶；

$F_t > F_f + F_t + F_i$，汽车将加速行驶；

$F_t < F_f + F_t + F_i$，汽车将无法开动或减速行驶以至停车。

可见汽车行驶的驱动条件是：$F_t \geqslant F_f + F_t + F_i$。

汽车行驶的驱动条件是汽车行驶的必要条件，但还不是汽车行驶的充分条件，它反应了汽车本身的行驶能力。可以采用增加发动机转矩、加大传动比的办法来增大汽车的驱动力，以保证汽车的驱动条件。

2. 汽车行驶的附着条件

增大驱动力的办法是有限度的，它只有在驱动轮与路面不发生滑转时才有效。在一定的轮胎路面条件下。当驱动力增大到一定程度时，驱动轮将出现滑转现象，增大驱动轮的转矩，只能使驱动轮加速滑转，地面切向反作用力并不增加。这表明汽车行驶还要受轮胎与路面附着条件的限制。

（1）附着力 F_φ　无侧向力作用时，地面对轮胎切向反作用力的极限值称为附着力 F_φ。在硬路面上，它与地面对驱动轮的法向反作用力成正比

$$F_\varphi = F_Z \varphi$$

式中　F_Z——地面对驱动轮的法向反作用力（N）；

φ——附着系数。

（2）附着系数 φ　附着系数表示轮胎与路面的接触强度。主要受以下因素影响：

1）路面的种类和状况。路面种类和状况对附着系数的影响见表 2-1。

表 2-1　路面种类和状况对附着系数的影响

路面		轮胎		
类　型	状　态	高压轮胎	低压轮胎	越野轮胎
沥青、混凝土路面	干燥	0.50～0.70	0.70～0.80	0.70～0.80
	潮湿	0.35～0.45	0.45～0.55	0.50～0.60
	污染	0.25～0.45	0.25～0.40	0.25～0.45
碎石路面	干燥	0.50～0.60	0.60～0.70	0.60～0.70
	潮湿	0.30～0.40	0.40～0.50	0.40～0.55
土路	干燥	0.40～0.50	0.50～0.60	0.50～0.60
	潮湿	0.20～0.40	0.30～0.40	0.35～0.50
	泥泞	0.15～0.25	0.15～0.25	0.20～0.30
积雪路面	松软	0.20～0.30	0.20～0.40	0.20～0.40

松软土壤的抗剪强度较低，其附着系数较小。潮湿、泥泞的土路、土壤表层因吸水量多，抗剪强度更差，附着系数下降很多，是汽车越野行驶困难的原因之一。

坚硬路面的附着系数较大，因为在硬路面上，轮胎的变形远较路面的变形为大，路面的坚硬微、凸起部分嵌入轮胎的接触表面，使接触强度增大。路面被污物（细沙、尘土、油污、泥）覆盖时，路面的凹凸不平被填充，或路面潮湿时有水起润滑作用，都使附着系数下降 20% ~60%，甚至更多。轮胎花纹对附着系数的影响也较大，具有细而浅花纹的轮胎，在硬路面上有较好的附着能力；具有宽而深花纹的轮胎，在软路面上使附着能力有所提高。增加胎面的纵向条纹，在干燥的硬路面上，由于接触面积减小，值有所下降；但在潮湿的路面上有利于挤出接触面中的水分，改善附着能力。

2）轮胎的结构。现代胎面花纹为了提高轮胎的抓地能力，胎面上有纵向曲折大沟槽，胎面边缘上有横向沟槽，使轮胎在纵向、横向均有较好的抓地能力，又提高了在潮湿路面上的排水能力。胎面上大量的细微花纹，由于胎面在接地过程中的微小滑动，进一步擦去接触面间的水膜，这样轮胎接地面积后部可以与路面直接接触，因而提供足够的附着力。轮胎的磨损也会影响附着能力，随着胎面花纹深度减小，附着系数值将显著下降。

3）轮胎气压。降低轮胎气压，可使硬路面上 φ 值略有增加，所以采用低压胎可获得较好的附着性能。在松软路面上，降低轮胎气压，则轮胎与土壤的接触面积增加，胎面凸起部分嵌入土壤的数目也增多，因而附着系数显著提高。如果同时增加车轮轮辋的宽度，则效果更好。对于潮湿的路面，适当提高轮胎气压，使轮胎与路面的接触面积减小，有助于挤出接触面间的水分，使轮胎得以与路面较坚实的部分接触，因而可提高附着系数。

4）汽车行驶速度。在硬路面上提高行驶速度时，由于路面微观凹凸构造来不及与胎面完善地嵌合，所以附着系数有所降低。在潮湿的路面上提高行驶速度时，由于接触面间的水分来不及排出，所以附着系数显著降低。在软土壤上，由于高速车轮的动力作用容易破坏土壤的结构，所以提高行驶速度会对附着系数产生极不利的影响。只有在结冰的路面上，车速高时，与轮胎接触的冰层受压时间短，因而在接触面间不容易形成水膜，故附着系数略有提高。但要特别注意，在冰路上提高行驶速度会使行驶稳定性变差。长期行驶在已经磨损和风化的路面附着系数也会降低，例如，使用 15 年的路面，由于压实和磨光的结果，附着系数比新建时下降 20% ~30%。

（3）附着条件　地面切向反作用力不能大于附着力，否则会发生驱动轮滑转，汽车将不能行驶。为了避免驱动轮产生滑转现象，汽车行驶还必须满足附着条件

$$F_t \leqslant F_\varphi$$

汽车行驶首先要满足驱动条件，即汽车本身具有产生足够驱动力的必要条件。这就要求汽车发动机能产生足够大的转矩或功率，汽车传动系有一定的传动比，以保证计算的驱动力足够大，足以克服各种行驶阻力，但是，该条件只是汽车行驶的必要条件，并不充分，就是说，汽车行驶只满足驱动条件是不够的。推动汽车行驶的驱动力是地面对驱动轮的切向反作用力，是地面作用于汽车的外力。当驱动轮被架空而离开地面时，无论发动机产生多大转矩，汽车都是不能行驶的，为了保证汽车正常行驶，轮胎与地面必须有良好的附着性能，即附着力足够大，地面才能在附着力的限制下对驱动轮作用足够的切向反作

用。换言之，附着力并不是地面对车轮作用的一个力，而是限制驱动力大小的一个界限。在附着力的限制之内，驱动力才能真正发挥出来。

四、影响汽车动力性的主要因素

为了提高汽车的动力性，使汽车具有合理的动力性参数，必须对影响汽车动力性的各种因素进行分析。影响汽车动力性的主要因素有：发动机参数、传动系参数、汽车质量及外形和使用因素等。

1．发动机参数

发动机特性受其结构形式的影响，不同种类的发动机有不同的特性。

活塞式发动机的汽车在车速低时后备功率小，能提供的驱动力也小，这是因为该发动机在低转速时功率较小，若不配备变速器，只能通过很小的坡度。汽车上配备的发动机的功率越大，则汽车的动力性越好。

汽车发动机的转矩特性对汽车动力性有很大影响。低速发动机，其转矩变化较大，适应性系数稍高，在低速范围内，具有较大的转矩，但转速低将导致功率下降，降低了高速行驶时的汽车动力性。高速发动机，其转矩变化较小，适应性系数稍减，但选择了适当的传动系后，可以使转矩随转速增加而下降缓慢。这样，可以保证汽车在任一挡位的全部速度变化范围内均有良好的加速性。这对高速汽车尤为重要，使其具有良好的超车能力，保证高速行驶。所以现在汽车发动机多向高速方向发展。

2．传动系参数

传动系对汽车动力性的影响取决于主减速器传动比、变速器挡数与传动比等。

(1) 主减速器传动比　对于装有一定发动机的汽车，其动力性可因改变主减速器传动比而有所变化，如图2-4所示，当 i_0 增加时，发动机功率曲线向左移，图中表示具有三种不同主减速器传动比的发动机外特性。

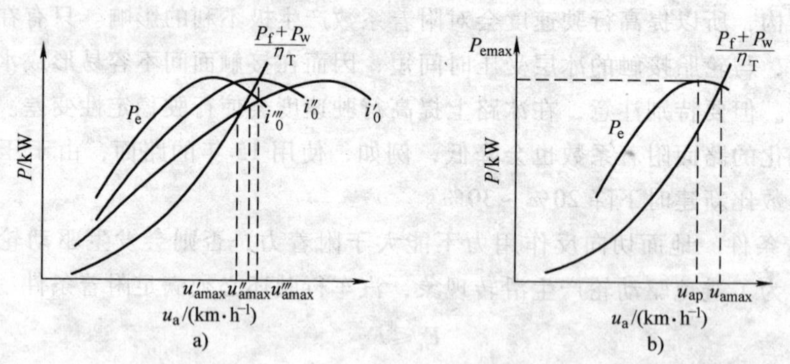

图 2-4　主传动比 i_0 对汽车动力性能的影响

由图2-4a可知，随着 i_0 的增大，汽车的后备功率加大，但汽车的最大行驶速度 u_{amax} 也发生变化。当主传动比为 i_0 时，阻力功率曲线与发动机外特性曲线相交于最大功率处，此时 u_{amax} 的数值最高。若主传动比大于或小于 i_0，u_{amax} 的数值均稍有降低。从提高汽车的加速性出发，i_0 应尽可能大，但若过分增大 i_0，将使汽车最高速度 u_0 减小，并使发动机以较高转速工作，而影响其寿命。提高 i_0 还将使汽车燃油经济性降低。此外，由于 i_0 加大，与之相应的主减速器外形尺寸加大，使结构过于复杂，并减小了驱动桥的离地间隙，影响汽车的通过性。

对于一般用途汽车，为了保证其有足够的后备功率，在选择 i_0 时，应使阻力功率曲线与发动机功率曲线交点所决定的最大速度高于最大功率时的速度，其比值为：1.1～1.25，其中 u_a 是相当于最大功率时的行驶速度，如图 2-4b 所示，但此时燃油经济性稍差。

（2）变速器参数　为了扩大发动机的转矩变化范围，克服活塞式发动机特性曲线上的缺陷，汽车必须在传动系中采用变速器，从而改善了汽车的动力性。影响汽车动力性的变速器参数有变速器挡数及各挡传动比。

1）变速器挡数。变速器挡数对汽车动力性有很大影响，变速器挡数越多，越接近等功率发动机，若变速器挡数无限增多，即采用无级变速器，则活塞式内燃机就可能总是在最大功率下工作。

总之，增加变速器挡数，越接近等功率发动机；但挡数增多，变速器结构变得复杂，而操纵也显得困难。因此，有级变速器的实际挡数仍有所限制，一般采用三～五挡变速器。

2）变速器传动比。变速器传动比要分别考虑最低挡传动比和各挡传动比。最低挡传动比对汽车动力性有重大影响，最低挡传动比越大，汽车所能克服的道路阻力越大，但应考虑驱动轮与道路之间的附着情况，驱动轮上的最大驱动力不能大于驱动轮与道路之间的附着力。变速器各挡传动比之间的分配对汽车动力性也有影响，各挡传动比要合理分配。分配得当，能使发动机经常在接近外特性最大功率处的大功率范围内运转，从而增加了汽车的后备功率，提高了汽车的加速和上坡能力。如果各挡传动比分配不当，还致使换挡困难，影响汽车的动力性。

3．汽车总质量及外形

汽车总质量增加，滚动阻力、上坡阻力和加速阻力均增大，则汽车动力性下降。汽车外形影响空气阻力的大小，对汽车的动力性也有影响。因此，减轻汽车自重和改善汽车外形，会改善汽车的动力性。

4．使用因素

汽车的动力性还在不同程度上受到汽车运行条件的影响，如道路、气候、海拔高度、驾驶技术、技术维护与调整、交通规则与运输组织等。在汽车使用过程中，加强维护，采用正确的驾驶方法，合理的运输组织，充分发挥汽车的动力性能，以提高运输速度与运输生产率。

工作任务2　汽车发动机功率检测

【基础知识】

发动机的有效功率是曲轴对外输出的功率，是一个综合性评价指标。通过该指标可以定性地确定发动机的技术状况，并定量地获得发动机的动力性。

一、稳态测功和动态测功

检测发动机有效功率的方法，有稳态测功和动态测功两种。

1. 稳态测功

稳态测功是指发动机在节气门开度一定、转速一定和其他参数保持不变的稳定工况下，在测功器上测定功率的一种方法。常见的测功器有水力测功器、电力测功器和电涡流测功器等。

稳态测功时，不论发动机行程数和形式如何，其有效功率 P_e、有效转矩 T_e 和转速 n 之间均具有下列关系：

$$P_e = \frac{T_e n}{9550} \tag{2-8}$$

式中 P_e——发动机有效功率（kW）；

T_e——发动机有效转矩（N·m）；

n——发动机转速（r/min）。

稳态测定发动机最大有效功率是在节气门全开的情况下，由测功器给发动机施加一定负荷，测出额定转速以及相应转矩，即可由上式计算出功率。稳态测功的结果比较准确可靠，但该方法测功需要用大型、固定安装的测功器，费时费力且成本较高，故多用于发动机设计、制造及院校和科研部门做性能试验，而一般运输、维修企业和检测站中采用不多。由于稳态测功时，需由测功器对发动机施加外部负荷，故也称为有负荷测功或有外载测功。

2. 动态测功

动态测功是指发动机在节气门开度和转速等均变动的状态下，测定其功率的一种方法。动态测功时，无需对发动机施加外部负荷，故又称为无负荷测功或无外载测功。

动态测功的基本方法是：当发动机在怠速或处于空载的某一低速下运转时，突然全开节气门，使发动机克服惯性和内部阻力而加速运转，用其加速性能的好坏直接反映最大功率的大小。因此，只要测出加速过程中的某一参数，就可得出相应的最大功率。

由于动态测功时不加负荷，又不需要大型设备，既可以在台架上进行，也可以就车进行，因而提高了检测速度和方便性。虽然其测量精度较稳态测功要差一些，但该方法特别适用于在用车发动机的检测，故一般运输企业、维修企业和检测站采用较多。

二、无负荷测功的测量原理

无负荷测功是基于动力学的原理。当发动机在怠速或某一空载低转速运转时，突然全开节气门加速运转，此时发动机产生的动力，除克服各种内部运动阻力矩外，将使曲轴加速运转，即发动机以自身运动机件为载荷加速运转。如果被测发动机的有效功率愈大，曲轴的瞬时角加速度也愈大，则加速时间愈短。所以，只要测得角加速度和加速时间，就可以间接获得发动机功率。

1. 测角加速度

转矩与角加速度的关系为

$$T_e = I\frac{d\omega}{dt} = I\frac{\pi}{30}\frac{dn}{dt} \tag{2-9}$$

式中　T_e——发动机的有效转矩（N·m）；

I——发动机运动机件对曲轴中心线的当量转动惯量（$kg\cdot m^2$）；

n——发动机转速（r/min）；

$d\omega/dt$——曲轴的角加速度（rad/s^2）；

dn/dt——曲轴的加速度（m/s^2）。

把 T_e 代入式（2-8），整理得

$$P_e = Cn\frac{dn}{dt} \tag{2-10}$$

$$C = K\frac{\pi I}{9550 \times 30}$$

式中，K 为修正系数。（由于发动机加速过程是一个非稳定工况，所以实际测得功率值是小于同一转速下的稳态测功值的，因而进行修正。）

式（2-10）表明，发动机加速过程中，在某一转速下的有效功率与该转速下的瞬时加速度成正比。因此，只要测出加速过程中的这一转速和对应的瞬时加速度，即可求出该转速下的有效功率。对于一定型号的发动机，其转动惯量 I 为一常数，修正系数 K 的数值可通过台架对比试验得出。

2. 测加速时间

根据功能原理，发动机在某一转速范围的加速过程中，发动机驱动曲轴转动所做的功等于曲轴旋转动能的增量，即

$$A = \frac{1}{2}I\omega_2^2 - \frac{1}{2}I\omega_1^2$$

式中　A——发动机所做的功（J）；

ω_1、ω_2——测定区间起始角速度、终止角速度（rad/s）。

若发动机从 ω_1 上升到 ω_2 的时间为 ΔT（s），则发动机在这段时间内的平均功率 P_{em} 为

$$P_{em} = \frac{A}{\Delta T} = \frac{1}{2}I\frac{\omega_2^2 - \omega_1^2}{\Delta T}$$

注意到 $\omega = \frac{\pi}{30}n$，并以千瓦（kW）作为平均功率的单位，则有

$$P_{em} = \frac{C_1}{\Delta T} \tag{2-11}$$

$$C_1 = \frac{1}{2}I\left(\frac{\pi}{30}\right)^2\frac{n_2^2 - n_1^2}{1000}$$

若已知转动惯量 I，并确定测量时的起始转速和终止转速 n_1、n_2，则 C_1 为常数，称为平均功率测功系数。

由上式可知，发动机在起止转速范围内的平均有效加速功率与其加速时间成反比，即当发动机的节气门突然全开时，发动机由起始转速加速到终止转速的时间越长，则其有效

加速功率越小；反之则越大。因此，只要测得发动机在设定转速范围内的加速时间，便可得出平均有效加速功率。另外，还需要通过台架试验，找出稳态特性平均功率与外特性最大功率 P_{emax} 之间的关系。其中加速时间 ΔT 与最大功率 P_{emax} 之间的关系可对无负荷测功检验仪进行标定，并输入微机，以便通过测加速时间而能直接读出功率数，也有的把它们之间的关系绘制成曲线图或排成表格，以便测出加速时间后能在图中或表中查出对应的功率值。

三、发动机无负荷测功仪

目前使用的无负荷测功仪，主要有单一功能的便携式测功仪和与其他测试仪表组装在一起的发动机综合测试仪两种类型，下面介绍元征 EA3000 便携式发动机综合性能分析仪。

1. 元征 EA3000 便携式发动机综合性能分析仪的结构

元征 EA3000 便携式发动机综合性能分析仪外形结构如图 2-5 所示，由信号提取系统、主机、打印机、机架组成，同时可选配废气分析仪和诊断 SMART－BOX 等。

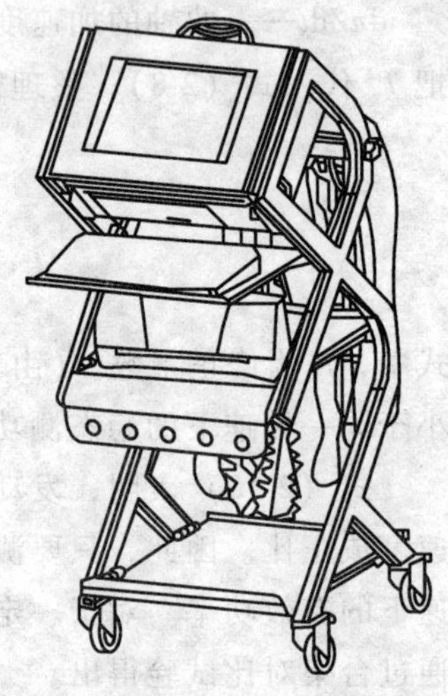

图 2-5 元征 EA3000 便携式发动机综合性能分析仪

（1）信号提取系统　信号提取系统由各类夹持器、探针和传感器组成，与发动机的被测部位直接或间接连接以拾取被测信号。该系统由十二组拾取器组成，每一组拾取器根据其任务不同由相应的夹持器、探针及传感器通过电缆与其适配器或接插头连接构成。各拾取器测试电缆上均带有活动滑块，标识其名称。

（2）主机　主机背面有 12 个信号输入接口，每个接口都标识号码(1280401～1280412)，在连接信号提取系统的适配器时，注意要插入相应的接口，否则检测不到输入信号。

（3）打印机　元征 EA3000 便携式发动机综合性能分析仪配有喷墨打印机，可打印检测结果。

（4）机架　机架是整个仪器的基础。

2. 系统起动、自检及退出

打开主机电源开关，系统运行完毕后，系统起动并自动执行元征 EA3000 便携式发动机综合性能分析仪程序，主机将对预处理器通信、1280401—1280412 适配器逐一进行自检。

自检通过后，相应适配器图标显示为绿色；如图标显示红色，表示适配器未连接或连接不可靠。自检完成后即可进入测试。

如要退出该系统，在主界面下，点击退出图标，随后点击“确定”键即退出该系统回到 Windows 界面。

【任务实施】

一、发动机功率的检测

以元征 EA3000 便携式发动机综合性能分析仪为例，说明检测步骤。

1）开机。在测试前先开机预热 20min。

2）输入用户及车辆信息。

3）连接。将一缸信号适配器夹在一缸高压线上。

4）测试。

在“汽油机测试菜单”下点击“无外载测功”图标，系统即进入无外载测功测试界面，或点击“方式选择”图标选择P进入无外载测功界面。设定怠速转速 n_1、额定转速 n_2 和当量转动惯量（当量转动惯量可在同型号的车上通过测试得到——但此车必须保证处于良好的工作状态，一般小型车的当量转动惯量在 0.1～0.5kg·m² 之间，大货车的当量转动惯量在 1.0～5.0kg·m² 之间）。

点击“测试”，系统开始倒记数，记数为零时，迅速踩下汽车节气门踏板，使发动机尽可能快的将转速迅速提高，当发动机转速超过设定的额定转速 n_2 时，迅速松开节气门踏板，使发动机回到怠速工况；系统将自动检测发动机的输出功率并显示出来。

5）检测完毕，停机。

二、单缸功率检测

发动机无负荷测功仪既可以检测发动机的整机功率，又可以检测发动机某气缸的单缸功率。检测单缸功率的方法是：先测出发动机整机功率，再测出某缸断火情况下的发动机功率，两功率之差即为断火气缸的功率。对于技术状况良好的发动机，各缸功率应是一致的，否则会造成发动机运转不平稳，比较各单缸功率，可判断各缸的工作状况。此外，也可以利用在单缸断火情况下测得的发动机转速下降值，来评价各缸的工作状况。工作正常的发动机在某一转速下稳定运转时，发动机的指示功率和摩擦功率是平衡的。此时，若取消任一缸的工作，发动机的转速都会有相同的下降值。

三、检测结果判定

根据 GB 7258—2012《机动车运行安全技术条件》和 GB/T 15746—2011《汽车修理质量检查评定方法》附录 B 中的规定：在用车发动机功率不得低于原标定功率的 75%，大修后发动机最大功率不得低于原设计标定值的 90%。

当发动机在 800m/min 下稳定工作时，每断开一个缸工作就会使转速正常平均值下降，最高和最低下降值之差不能大于平均下降值的 30%。如果转速下降值偏低，说明断火气缸工作不良。

发动机单缸功率偏低，一般是该缸高压分线、分线插座或火花塞技术状况不良，气缸密封性不佳，气缸窜油等原因造成的，应调整、更换或修理。

工作任务3　汽车底盘输出功率检测

【基础知识】

一、汽车底盘输出功率检测的目的

汽车底盘输出功率是表征汽车传动系统总体技术状况的诊断参数。底盘输出功率的检测是为了获得驱动轮的输出功率或驱动力。将获得的驱动轮输出功率与发动机的输出功率进行对比，可求得传动效率，以评价汽车的动力性和判定汽车底盘传动系统的总的技术状况。

汽车底盘输出功率的检测，也就是通常所说的底盘测功。

二、汽车底盘测功试验台

1. 底盘测功试验台的功能

汽车底盘测功试验台的功能如下：

1）测试汽车驱动轮输出功率。

2）测试汽车的加速能力。

3）测试汽车的滑行能力和传动系统传动效率。

4）检测校验车速表。

底盘测功试验台辅以油耗计、废气分析仪等设备，还可以对汽车的燃油经济性和废气排放性能进行检测。

2. 底盘测功试验台的结构和工作原理

底盘测功机一般由滚筒装置、功率吸收装置、测量装置、举升装置和辅助装置等组成。

（1）滚筒装置　进行汽车测功试验时，驱动轮在滚筒上滚动，带动滚筒转动，滚筒相当于连续移动的路面。滚筒有单滚筒和双滚筒之分，如图 2-6 所示。

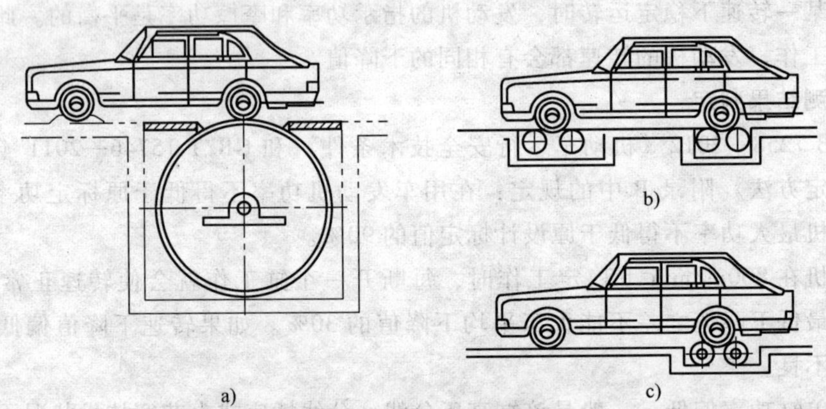

图 2-6　滚筒式底盘测功试验台
a）单轮单滚筒式　b）双轮双滚筒式　c）单轮双滚筒式

单滚筒底盘测功机的滚筒直径较大，一般在 1500 ~ 2500mm 之间。支承两侧车轮的滚筒都是单筒。滚筒直径越大，滚筒表面曲率越小，轮胎与滚筒的滑转率越小、滚动阻力越小，因而测试精度越高。但是加大滚筒直径会受到制造成本、安装占地面积的限制，所以滚筒直径不宜过大。

双滚筒式底盘测功机滚筒直径较小，一般在 185 ~ 400mm 之间。由于滚筒半径小，滚筒表面曲率大，与轮胎接触面变形大，从而使滚动阻力大，测试精度低。双滚筒有主、副滚筒之分，与测功器相连的是主滚筒，左、右两主滚筒之间用联轴器联接，而左、右两边的副滚筒处于自由状态。

框架是底盘测功试验台机械部分的基础，由型钢焊接而成，座落在地坑内，如图 2-7 所示。

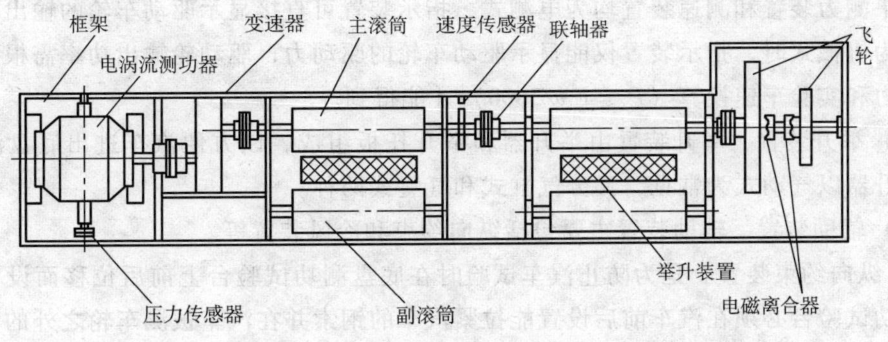

图 2-7　底盘测功试验台机械部分结构

（2）功率吸收装置　功率吸收装置是一个加载装置，可以模拟汽车在道路上行驶时所受的各种阻力，使车辆受力情况如同在道路上行驶时一样，用它可以吸收并测量发动机经传动系传至驱动车轮的功率。常用的加载装置有水力测功器、电力测功器和电涡流测功器。目前，在汽车检测和维修企业的滚筒式测功试验台上多采用电涡流测功器，如图 2-8 所示。这种测功器主要由定子和转子两部分组成，定子四周装有励磁线圈，转子与试验台主动滚筒相连，在励磁线圈之间转动，而定子是可以摆动的。当励磁线圈通电时，两极间便产生磁场，转子在励磁线圈磁场中转动，因而在转子上产生了涡电流，该涡电流与产生它的磁场相互作用而产生了对转子的制动力矩，因此测功器吸收了驱动车轮的输出功率，同时也对滚筒加了载，形成了阻力矩（制动力矩）。

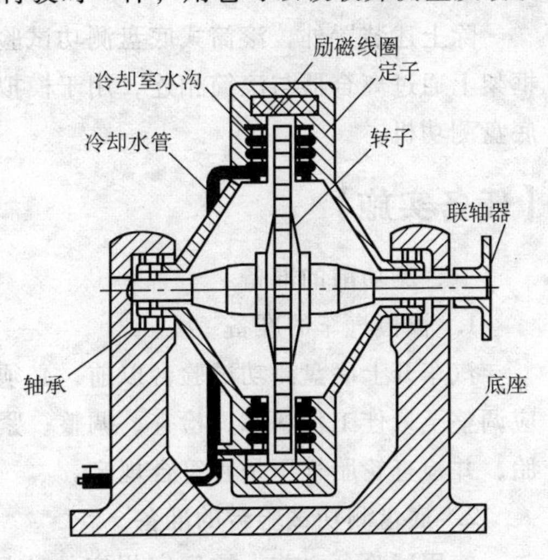

图 2-8　功率吸收装置

（3）测量装置　测量装置包括测力装置、测速装置和功率控制与指示装置。

1）测力装置。测力装置有机械式、液压式和电测式之分，其主要原理都是：电涡流测功器的定子通过摆动轴承支承在轴承架上，可摆动的定子外壳伸出一杠杆臂。测功器的转子与定子间因制动而引起的转矩，由摆动的定子，经一定臂长的杠杆传给测力装置。目前应用较多的是电测式，电测式测力装置通过测力传感器，将力变成电信号，经处理后传送给指示装置显示出来。

2）测速装置。测速装置是为了底盘测功机在测量汽车功率、加速试验、等速试验、滑行试验和燃料经济性试验时，要测得试验车速而设置的。多采用电测式测速装置，一般由速度传感器、中间处理装置和指示装置等组成。速度传感器安装在副滚筒一端，随滚筒一起转动，能将滚筒的转动转变为电信号，由毫伏电压计指示，刻度盘以 km/h 标定。常用的速度传感器有磁电式、光电式和测速发电机。

3）功率控制与指示装置。底盘测功机的控制装置与指示装置常常制成柜式一体结构。如果测力装置和测速装置均为电测式，指示装置可直接显示驱动车轮的输出功率；测力装置为机械式时，指示装置仅能显示驱动车轮的驱动力，驱动轮输出功率需根据所测出的驱动力和实验车速换算（$P_t=F_tv/3600$）才能得到。

（4）举升装置　举升装置由举升器和举升托板组成，以方便汽车进出底盘测功试验台。举升器以气动式为常见，又分气缸式和气囊式两种。

（5）辅助装置　辅助装置主要包括纵向约束和冷风装置等。

1）纵向约束装置。是为防止汽车试验时在底盘测功试验台上前后位移而设置的。单滚筒测功试验台必须在汽车前后设置能拉紧汽车的钢索并在汽车被测车轮之外的车轮前后加装三角木以保证驱动轮在滚筒上准确定位。双滚筒测功试验台一般在汽车从动轮前后加装三角木就可保证试验顺利进行，即钢索和三角木均为纵向约束装置。

2）冷风装置。一是加强发动机散热；二是降低汽车驱动轮轮胎的工作温度，延长轮胎的使用寿命。

除上述装置外，滚筒式底盘测功试验台有的还设有飞轮装置。飞轮由滚动轴承支承在框架上通过离合器与滚筒相连，用于模拟汽车在道路上行驶时的动能，因而称之为惯性式底盘测功机。

【任务实施】

一、测功前的准备

1. 被检汽车的准备

汽车开上底盘测功试验台以前，必须使汽车在正常工作温度；发动机供油系和点火系应调整至最佳工作状态；检查、调整、紧固和润滑传动系，检查车轮的紧固情况；清洁轮胎，并检查轮胎气压是否符合规定。

2. 底盘测功试验台的准备

使用试验台之前，按厂家规定的项目对试验台进行检查、调整、润滑，在使用过程中，要注意仪表指针的回位、举升器工作导线的接触情况，发现故障，及时排除。

二、汽车底盘输出功率的检测

1. 选择检测项目

底盘测功试验时，应选择几个有代表性的工况测试汽车驱动轮的输出功率或驱动力。一般有下列 4 项：

1）发动机标定功率下驱动车轮的输出功率或驱动力。

2）发动机在最大转矩转速下驱动轮的输出功率或驱动力。

3）汽油机部分负荷选定车速下驱动轮的输出功率或驱动力。

4）发动机全负荷选定车速下驱动轮的输出功率或驱动力。

除此之外，也可以根据交通管理部门的要求选择要检测的项目。

目前，驱动轮输出功率检测工况采用汽车发动机额定转矩和额定功率时的工况，即发动机全负荷与额定转矩转速和额定功率转速所对应的直接挡（无直接挡时，指传动比最接近于1的挡位）车速构成的工况。

2. 检测方法

以双滚筒式底盘测功机为例。

1）接通试验台电源，并根据被检车辆驱动轮输出功率的大小，将功率指示表的转换开关置于相应挡位。

2）升起举升器的托板，使被检汽车的驱动轮尽可能与滚筒成垂直状态地停放在试验台滚筒间的举升器托板上。

3）降下举升器托板，直到轮胎与举升器托板完全脱离为止。

4）用三角木抵住位于试验台滚筒之外的一对车轮的前方，以防止汽车在检测时从试验台滑出去，将冷却风扇置于被检汽车正前方，并接通电源。

5）起动发动机，松开驻车制动，由低挡逐渐换入选定挡位，踩下加速踏板，同时调节测功机的功率吸收装置的负荷，使发动机在全负荷情况下以额定功率相应的转速运转，待发动机转速稳定后，读取并打印驱动车轮的输出功率（或驱动力）值、车速值。

6）保持发动机全负荷运转，调节功率吸收装置的负荷，测出额定转矩点下的驱动轮输出功率（或驱动力）值、车速值。重复检测三次，取平均值。

7）测量驱动轮在发动机部分负荷选定车速下的输出功率或驱动力，与前述测量方法类似，差异仅在于发动机选定的是部分负荷下工作而已；测量不同挡位下驱动轮的输出功率或驱动力，则需依次挂入每一挡位，再按上述方法检测即可。

必须指出，挂直接挡，发动机发出额定功率时，可测得驱动轮的最大输出功率；挂1挡时，可测得驱动轮的最大驱动力。

8）全部检测结束，待驱动轮停止转动后，移开风扇，去掉车轮前的三角木，举起举升器的托板，将被检汽车驶离试验台。

9）切断测功机电源，收检仪器、工具、量具等，并清洁工作现场。

三、检测结果判定

1. 检测标准

用驱动轮输出功率限值作为标准。驱动轮输出功率限值是在驱动轮输出功率检测工况下，校正驱动轮输出功率与相应发动机输出总功率的百分比。

$$\eta_{v_m}=\frac{P_{v_{mo}}}{P_m} \tag{2-12}$$

$$\eta_{v_P}=\frac{P_{v_{Po}}}{P_e} \tag{2-13}$$

式中 η_{v_m}——汽车在额定转矩工况下的校正驱动轮输出功率与额定转矩功率的百分比（%）；

η_{v_P}——汽车在额定功率工况下的校正驱动轮输出功率与额定功率的百分比（%）；

$P_{v_{mo}}$——汽车在额定转矩工况下的校正驱动轮输出功率（kW）；

$P_{v_{P_0}}$——汽车在额定功率工况下的校正驱动轮输出功率（kW）；

P_m——发动机在额定转矩工况下的输出功率（kW）；

P_e——发动机的额定功率（kW）。

汽车驱动轮输出功率限值见表 2-2。

表 2-2　汽车驱动轮输出功率限值

汽车类别	汽车型号		额定转矩工况		额定功率工况	
			直接挡检测车速 v_M/(km/h)	校正驱动轮输出功率/额定转矩功率的限值 η_{M_a}(%)	直接挡检测速度 v_P/(km/h)	校正驱动轮输出功率/额定功率的限值 η_{P_a}(%)
载货汽车	1010，1020 系列	汽油车	60	50	90	40
	1030，1040 系列	汽油车	60	50	90	40
		柴油车	55	50	90	45
	1050，1060 系列	汽油车	60	50	90	40
		柴油车	50	50	80	45
	1070，1080 系列	柴油车	50	50	80	45
	1090 系列	汽油车	40	50	80	45
		柴油车	55	50	80	45
	1100，1110 系列 1120，1130 系列	柴油车	50	45	80	40
	1140，1150，1160 系列	柴油车	50	50	80	40
	1170，1190 系列	柴油车	55	50	80	40
客车	6600 系列	汽油车	60	45	85	35
		柴油车	45	50	75	40
	6700 系列	汽油车	50	40	80	35
		柴油车	55	45	75	35
	6800 系列	汽油车	40	40	85	35
		柴油车	45	45	75	35
	6900 系列	汽油车	40	40	85	35
		柴油车	60	45	85	35
	6100 系列	汽油车	40	40	85	35
		柴油车	40	45	85	35
	6110 系列	汽油车	40	40	85	35
		柴油车	55	45	80	35
	6120 系列	柴油车	60	40	90	35
轿车	夏利、富康		95/65	40/35	—	—
	桑塔纳		95/65	45/40	—	—

2. 结果判定

动力性合格条件

$$\eta_{v_m} \geqslant \eta_{M_a} \tag{2-14}$$

$$\eta_{v_P} \geqslant \eta_{P_a} \tag{2-15}$$

式中 η_{M_a}——汽车在额定矩工况下的校正驱动轮输出功率与额定转矩功率的百分比的允许值（%）；

η_{P_a}——汽车在额定功率工况下的校正驱动轮输出功率与额定功率的百分比的允许值（%）。

工作任务4 汽车动力性能路试检测

【基础知识】

通过道路试验分析汽车的动力性能，其结果接近于实际情况，在汽车动力性能的道路试验中，其检测项目一般有高挡加速时间、起步加速时间、最高车速、陡坡爬坡车速、长坡爬坡车速等，有时为了评价汽车的拖挂能力，进行汽车牵引力检测。另外，有时为了分析汽车动力的平衡问题，采用高速滑行试验测定滚动阻力系数 f 及空气阻力系数 C_D，但由于道路试验受到道路条件、风向、风速、驾驶技术等因素的影响，而且这些因素可控性差，同时还需要按规定条件选用或建造专门的道路等，故应用较少。

当室内动力性检测设备出现故障时，可通过道路试验进行动力性检测来弥补；当室内台架试验有争议时，可通过道路试验来验证。

第五轮仪的结构和工作原理如下所述。

在进行车辆道路试验时，需要测量车辆的行驶距离，虽然可以利用车辆里程表和速度表，但这种方法不准确。因为车辆驱动轮的滚动半径直接受着驱动力矩、地面对轮胎的切向反作用力、车轴载荷、轮胎气压及磨损程度等因素的影响。此外，车用里程表和速度表本身精度也较低。为了消除这些因素对测量精度的影响，故采用第五轮仪。

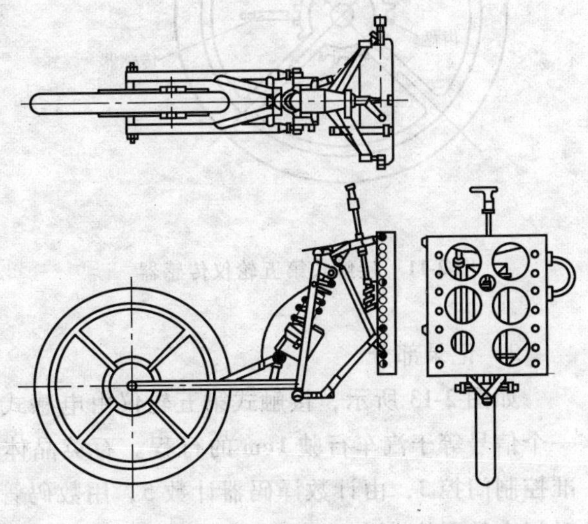

图 2-9 接触式第五轮仪

第五轮仪分接触式和非接触式两种，接触式第五轮仪，应用较多的是单片机采控的五轮仪，如图 2-9 所示。由第五轮仪、传感器、二次仪表（信号处理、记录、显示等）及安装机架等部分组成。

非接触式第五轮仪以计算机为核心部

件，配以相应的I/O接口及外设，不需要路面接触或设置任何测量标志，采用光电相关滤波技术，安装在车上的光电路面探测器（简称光电头）照射路面，把路面图像变换为频率信号，用于汽车动力性、制动性和燃油经济性能的测试。它主要由光电头、二次仪表（微处理器、键盘、LED显示器、微型打印机及接口等）及安装机架等组成，如图2-10所示。

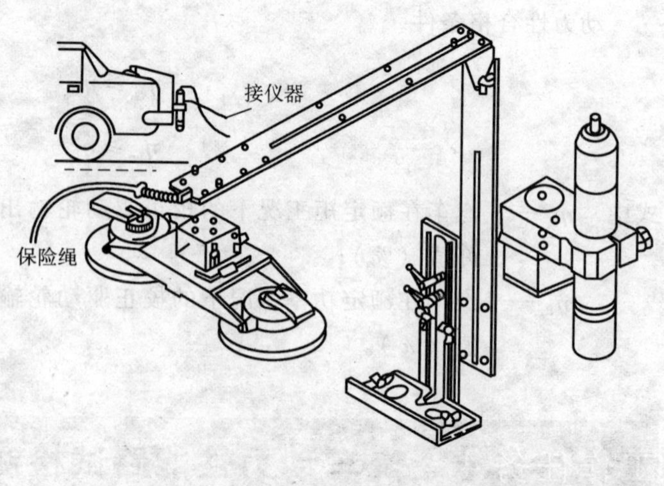

图2-10 非接触式第五轮仪

1．传感器部分

接触式第五轮仪传感器部分主要包括第五轮和安装在轮架上的磁电传感器和齿轮盘，如图2-11所示。当第五轮转动时，由于磁电传感器磁场强度发生变化，致使传感器内线圈产生交变信号，通过整形电路，将连续的脉冲信号送入二次仪表，通过计数器，便可知行驶距离。在测试过程中，通过检测脉冲周期，便可得出瞬时车速。

非接触式第五轮仪传感器主要由一个系统和电池组成，如图2-12所示。光电探测器通过路面图像的移动使光电池输入宽带随机信号，其频率与车速成正比，通过空间滤波器将与车速成正比的频率检出，送入二次仪表进行速度运算和距离计数。

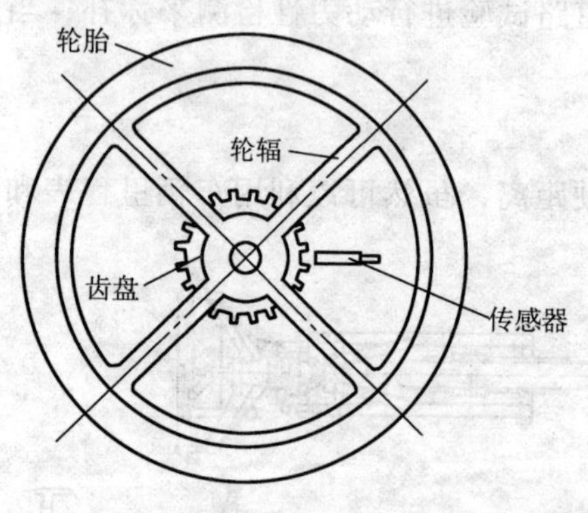

图2-11 接触式第五轮仪传感器

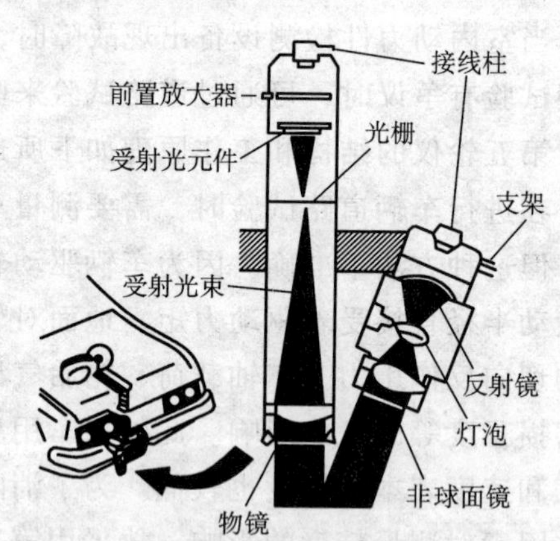

图2-12 非接触式第五轮仪传感器

2．记录部分

如图2-13所示，接触式第五轮仪由电感式行程传感器1发出汽车行程的信号，一般一个信号等于汽车行驶1cm的行程。石英晶体振荡器2发出时间信号，作为采样时的标准控制门控3，由计数译码器计数5，用数码管显示一定时间间隔内汽车的行程，既该段时间中的平均速度。时间间隔一般为36ms。除可用数码管显示车速外，也能经过数/模

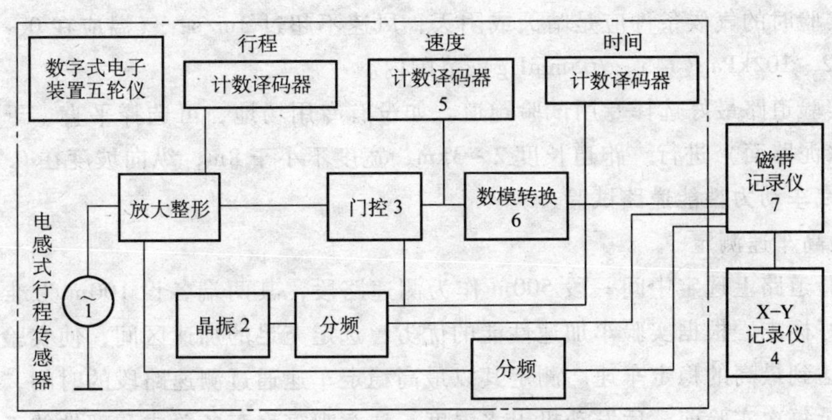

图 2-13 第五轮仪的数字电子装置框图

转换 6，将数字变量的模拟量（电压）输至磁带记录仪，在加速性能试验中，即可由数字显示读得加速时间的数值，也能用磁带记录仪记录整个加速过程，试验完毕后，X–Y 记录仪可直接得到加速行程曲线，如图 2-14 所示。

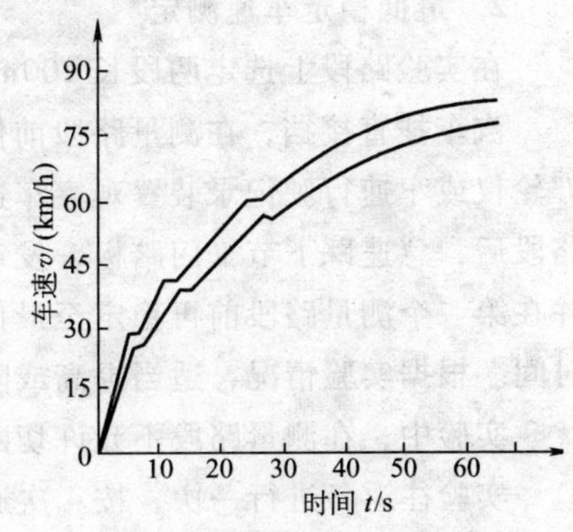

图 2-14 加速行程曲线

二次仪表以计算机为核心，第五轮仪的记录通过仪表中的单片机来实现。当选择完相应的功能键，并检查、设置传感器系数后按下开始键，在试验过程中即可打印试验过程，也可打印试验曲线。

【任务实施】

一、试验准备

1）实验车各总成、部件及附属装置，必须装备齐全，调整状况应符合该车技术条件。

2）实验车使用的燃料及润滑油应符合该车技术条件，实验时应使用同一批燃料及润滑油。

3）轮胎气压应符合技术条件的规定，误差不超过规定值 ±10kPa。

4）实验车载荷和乘员数应符合规定，载荷物应在车厢内均匀分布。乘员质量按 65kg/人计算，也可用相同质量的砂袋代替。

5）实验前，应按使用说明书要求对实验车进行技术保养。新车在实验前应进行磨合行驶（一般磨合里程不少于 2500km）。

6）实验时，实验车各总成的热状态应符合技术条件的规定，并保持稳定，如技术条件无规定时，应符合下列条件；

发动机出水温度　80 ~ 90℃

发动机机油温度　50 ~ 95℃

7）实验时的气候条件应是晴天或阴天，风速不超过3m/s；气温应在0～35℃；气压应在99.32～102kPa（745～765mmHg）范围内。

8）实验道路最好选择专用试验跑道。如没有专用场地，可选择平直、干燥的硬路面（沥青或水泥路面）进行。跑道长度2～3km，宽度不小于8m，纵向坡度在0.1%以内。

二、汽车动力性能道路试验

1. 最高车速测定

在实验道路上选定中间一段500m作为测速路段，其两端各设100m为准备路段，并用标杆做好标志。根据实验车加速性能的优劣，选定充足的加速区间，使实验车驶入测速路段前已达到最高的稳定车速。测定其以最高稳定车速通过测速路段的时间，往返各进行一次。记录每次实验前、后发动机出水温度。注意观察汽车各总成和部件的工作状况及异常现象。

2. 最低稳定车速测定

在实验路段上选定两段长100m的测量路段，两段之间相隔200～300m。

汽车挂直接挡，在测量路段前保持可以稳定行驶的最低稳定车速驶入测量路段，通过五轮仪或车速行驶记录装置观察车速，测定通过第一个测量路段的时间；驶离第一个测量路段后，急速踩下节气门踏板，发动机不应熄火，传动系不应颤动，加速至20～25km/h，并在第二个测量路段前再稳定至最低稳定车速驶入测量路段，测量通过第二个测量路段的时间。根据实验情况，适当提高或降低驶入测量路段前的稳定车速，重复实验。

实验中，在测量路段不允许切断离合器，使离合器打滑或使用制动。

实验往返各进行一次，按4次通过测量路段的时间取算术平均值，计算出汽车直接挡的最低稳定车速。

3. 汽车直接挡和起步连续换挡加速实验

在实验路段上选定中间一段1500m作为加速实验路段，两端各设100m为初速度路段。

（1）汽车直接挡加速实验　实验车经充分预热行驶后，以稍高于直接挡的最低稳定车速为初速度（选5的整倍数，如10、15、20、25km/h），匀速通过100m路段，在进入实验路段前10m左右打开五轮仪开始记录，至加速实验路段起点处，急速将节气门踏板踩到底，使汽车加速至该挡最高车速的80%以上。用五轮仪记录加速过程。实验往返各进行一次，往返实验的路段应重合。

（2）汽车起步连续换挡加速实验　实验前，应进行最佳换挡时刻的选择。实验路段同上。

令换挡时发动机转速分别为发动机额定转速的90%、95%、100%，实验车从起点开始，节气门全开，按上述方法进行发动机转速换挡，测定汽车通过同一500m路段的加速时间。每种换挡车速往返预试一次，取加速时间的算术平均值，加速时间最短者，其换挡车速最佳。正式实验时，汽车停在加速实验路段起点（保险杠与标杆线重合），从起点开始，节气门全开，以选择的最佳换挡车速（用发动机转速表控制）力求迅速无声地换挡（一般换挡时间1～1.5s），换挡后立即将节气门踩到底，直到最高挡，加速至1000m终点。用五轮仪记录加速过程。实验往返各进行一次，往返实验的路程应重合。

工作任务单

学习情境2　汽车动力性能检测

车辆型号：		车辆识别代码：	
姓名：	班级：	学号：	成绩：
日期：	指导教师签字：		

一、写出下列词语的英文翻译

车速________________　　加速度________________

误差________________　　检测________________

二、完成汽车动力性能检测实训项目工作任务报告单

1．实训目的

(1) 熟悉动力性能检测仪器设备的基本结构、工作原理。

(2) 掌握汽车发动机无负荷测功的检测方法。

(3) 掌握汽车底盘输出功率的检测方法。

(4) 能判定检测结果。

2．实训设备及器材

3．实训内容及操作方法

(1) 发动机无负荷测功。

操作方法：

检测结果：

结果判定及分析：

是否合格：

原因分析：

(2) 汽车底盘输出功率检测。

操作方法：

检测结果：

结果判定分析：

是否合格：

原因分析：

三、回答下列问题

(1) 检测所用的底盘测功机的结构有何特点？

(2) 在检测工作中应注意的问题有哪些？

(3) 驱动轮输出功率和发动机输出功率对比计算传动效率，如传动效率偏低，原因有哪些？

四、学习体会

学习情境 3

汽车燃油经济性能检测

学习目标：

通过本学习情境的学习，需要做到：

1） 能对汽车的经济性能进行评价。

2） 能提出提高汽车经济性能的途径。

3） 能够制订工作计划并完成汽车经济性能的检测工作任务。

4） 能对检测结果进行分析判定。

情境描述：

客户到汽车 4S 店反映他驾驶的轿车在公路上行驶油耗增加，要求检修。售后服务经理要求你承接此项工作，做出工作计划和信息采集，并完成该车经济性能的检修工作。

咨询：

要完成上述工作，必须具备的知识和技能有：

1） 汽车燃油经济性的评价及其影响因素。

2） 汽车燃油经济性检测设备的结构、原理和使用方法。

3） 汽车燃油经济性能试验方法。

4） 国家相关的检测标准。

根据以上分析，汽车燃油经济性能检测的学习情境可通过实施以下三个工作任务来完成：

- 汽车燃油经济性能分析。
- 汽车燃油经济性能台试检测。
- 汽车燃油经济性能道路试验。

工作任务1　汽车燃油经济性能分析

【基础知识】

汽车燃油经济性能是指汽车以最小的燃油消耗完成单位运输工作量的能力，或单位行程的燃油消耗量。

一、汽车燃油经济性能评价指标

汽车燃油经济性能常用以下两方面指标来评价。

1）一定运行工况下，汽车行驶一定里程的燃油消耗量。

在我国通常以汽车行驶100km所消耗的燃油量来评价，即L/100km；在美国采用每加仑燃油能使汽车行驶的英里数，即mile/Usgal作为评价指标；日本则采用每升燃油能使汽车行驶的千米数，即km/L作为评价指标。

这一指标用于比较相同容量汽车的燃油经济性能，也可用于分析不同部件装在同一种汽车上对汽车燃油经济性能的影响，但对于不同容量汽车的燃油经济性能则要用第二个指标来评价。

2）单位运输工作量的燃油消耗量，即L/100tkm。

二、汽车燃油经济性能分析

汽车燃油经济性能与以下两方面因素有关。

1．汽车结构

（1）提高压缩比　当压缩比ε提高时，热效率增加，发动机动力性提高，发动机油耗率降低。试验表明，在$\varepsilon=7.5\sim9.5$范围内，压缩比每提高一个单位，油耗可以下降4%以上。

（2）改善进、排气系统　改善进、排气系统的目的是减少进气管气流阻力，减少排气干扰，提高充气效率。进气管的结构和尺寸要保证有足够的流通截面，并保证管道的表面光洁，连接处平整，要减少气流转折以及流通截面突变，以减少气流的局部阻力。汽油机进气管断面形状和尺寸，对燃料的雾化、蒸发和分配影响很大，进气管断面过大，气流速度低，燃油液态颗粒易沉积于管壁，而且液态燃油的蒸发速率比较慢，结果使各缸混合气的分配不均匀，发动机油耗增加。

（3）采用稀混合气　稀混合气可以提高发动机燃料经济性的主要原因是由于稀混合气中的汽油分子有更多的机会与空气中氧分子接触，容易燃烧完全，同时混合气越接近于空气循环，绝热指数越大，热效率越高；燃用稀混合气，由于其燃烧后最高温度降低，使气缸壁传热损失较少，并使燃烧产物的离解减少，从而提高了热效率；另外，采用稀混合气，由于气缸内压力、温度低，不易发生爆燃，则可以提高压缩比，增大混合气的膨胀比和温度，减少燃烧室残余废气量，因而可以提高燃油的能量利用效率。

（4）汽车轻量化　汽车行驶时，汽车功率消耗与汽车行驶阻力有关，除空气阻力外，其他阻力都与汽车总质量成正比，减轻汽车整备质量，是降低油耗最有效的重要措施之一。资料表明，奥迪 A6 型轿车铝制车身减轻质量 15%，油耗随之降低 5% ~8%。

目前，减轻自重的主要方法，一是尽量减少零件数量，如新车身骨架的零件数量，由 400 个减到了 75 个，质量减轻 30%；二是大量采用轻质合金及非金属材料，如采用高强度低合金钢、铝合金、镁合金、塑料和各种纤维强化等材料制造汽车零件，1990 年国外轿车轻型材料已占汽车总质量的 15% ~22%。

（5）改善汽车外形　改善汽车外形可以降低空气阻力系数，使汽车行驶时的空气阻力减小，高速时更是如此。如大众汽车空气阻力系数，1975 年前后约为 0.45，1992 年下降至 0.3 ~0.35，其概念车的空气阻力系数已下降至 0.20。研究表明，空气阻力系数每降低 10%，可使汽车燃料经济性提高 2% 左右。

（6）采用子午线轮胎　美国环保局的试验表明，滚动阻力减少 10%，油耗可降低 2%。采用子午线胎，提高轮胎气压，是减少滚动阻力主要途径，大型货车装用子午线胎后，滚动阻力可减少 15% ~30%，节油 5% ~8%，轿车子午轮胎的汽车节油率为 6% ~9%。

在重型汽车上采用子午线胎的节油效果最佳。美国子午线胎安装率已达 90%；西欧的轿车 20 世纪 80 年代已全部使用子午线轮胎，在货车上的安装率也达 80% 以上。

2. 汽车使用

在相同使用条件下，不同的汽车技术状况和不同的驾驶员的汽车百公里油耗相差较大。所以，提高驾驶员操作技术和正确维护车辆是重要的节油措施。

（1）发动机预热起动　汽车油路、电路、怠速和点火提前角的正确调整及发动机预热是顺利起动的前提。冷起动时应使发动机充分预热，起动时间不得超过 5s，两次起动间隔不得少于 10s。三次起动不成功时，必须进行检查，排除故障。起动后应迅速转入暖机怠速。

（2）正确选择挡位　汽车在良好路面上行驶，在一定的行驶范围内，既可使用次高挡也可用最高挡时，用最高挡较节约燃料。这是因为最高挡时发动机的负荷利用率较高，而有效比油耗较低。为了节约燃料，在节气门开度不超过 90% 的条件下，应尽可能使用最高挡。

汽车上坡行驶时应及时减挡。减挡过早，不能充分利用汽车惯性爬坡；减挡过晚，车速降低过多，常需要多换一次挡，增加油耗。

（3）保持技术经济车速　汽车满载在良好路面上行驶时，存在一个使得等速燃料消耗量最小的车速，即技术经济车速。车速高于或低于技术经济车速行驶，汽车油耗均上升。

技术经济车速只是一个点，在实际中很难掌握，为此将经济车速点前后油耗较低的车速称为经济车速范围。不同车型的经济车速和范围一般可通过试验得到。

（4）缓加速　汽车行驶时，加速踏板要轻踏，柔和控制，避免空轰节气门，节气门开度不宜过大，以免增加燃油消耗。

（5）保持正常温度　汽车行车温度包括发动机冷却液温度、润滑油温度、发动机罩内气温、变速器和驱动桥齿轮油温度等。

正常的发动机冷却液温度，有利于燃料的雾化和混合气的均匀分配，使得发动机有良好的燃料经济性和动力性，并保证润滑油的粘度和润滑能力，减少发动机的磨损。试验表明，国产中型货车发动机的冷却液温度在 80～90℃时，油耗最低，功率和转矩最高，冷却液温度由 90℃下降至 80℃时，油耗增加 2.5%，下降至 75℃时，油耗增加 3%～5%，下降至 65℃时，油耗增加 15%。进口轿车和引进技术的国产轿车要求冷却液温度稍高。冬季可采用加装保温套等保温措施，使机罩下保持 20～30℃的温度；发动机润滑油温度以 75℃为宜；变速器和驱动桥齿轮油温应不低于 50℃，这可通过起步后以中速行驶一段路程实现。

（6）保持汽车良好的技术状况　滑行性能试验常用来检查汽车底盘的综合技术状况，它对汽车运行油耗的影响很大。某车的试验表明，当底盘调整良好时，30km/h 的滑行距离为 254m，油耗为 15.5L/100km；而当前束不合乎规定、轮毂轴承调整不佳时，滑行距离降低至 173m，油耗为 19.5L/100km，比底盘调整良好的增加了 25.8%。

同时，发动机的技术状况也影响汽车的燃油经济性能，因此，使用中要经常检查、维护车辆，保持良好的汽车技术状况。

工作任务2　汽车燃油经济性能台试检测

【基础知识】

汽车燃油经济性能台试检测方法是在底盘测功机上循环试验以测量汽车整车燃油消耗量。这种试验方法的优点是试验不受当地气候条件的影响；可与废气排放物同时测量且可采用各种测量方法。但是在底盘测功机上模拟汽车行驶的各种阻力和道路上行驶时不完全一致，会造成油耗测量值的偏差。

在汽车燃油消耗量测量时一般用油耗计，油耗计种类很多，按测量方式可分为：容积式油耗计、质量式油耗计、流量式油耗计和流速式油耗计。油耗计由油耗传感器和显示装置构成，下面介绍容积式和质量式油耗计。

一、容积式油耗计

容积式油耗计通过测量发动机运转时累计消耗的燃油总容量，将汽车行驶时间和行驶里程换算为汽车的燃油消耗量。

图 3-1 为行星活塞式油耗传感器的流量变换机构工作原理图，它由十字形配置的四个活塞和旋转曲轴构成，用于将一定容积的燃油流量变为曲轴的旋转圈数。

燃油在泵油压力作用下推动活塞运动，带动曲轴旋转，四个活塞各往复运动一次，曲轴则旋转一周，完成一个工作循环。活塞在油缸中处于进油行程还是排油行程，取决于活塞相对于进排油口的位置。图 3-1a 表示活塞 1 处于排油行程，燃油由活塞顶部通过 P_1 从排油口 E_1 排出；活塞 2 处于进油终了；活塞 3 处于进油行程，从曲轴箱来的燃油通过 P_3

推动活塞 3 上行，并使曲轴作顺时针旋转；活塞 4 处于排油终了。当活塞与曲轴位置如图 3-1b 所示时，活塞 1 处于排油终了；活塞 2 处于排油行程，燃油由活塞 2 顶部通过 P_2 从排油口 E_2 排出；活塞 3 处于进油终了；活塞 4 处于进油行程，从曲轴箱来的燃油通过 P_4 推动活塞 4 右行，并使曲轴作顺时针旋转。同理可描述图 3-1c、d 各活塞的进、排油状态。如此反复，曲轴旋转一圈，各缸分别排油一次，其排油量用下式计算：

$$V=\frac{4\pi d^2}{4}\times 2H=2\pi d^2 H$$

式中 V——四缸排油量（cm^3）；

d——活塞直径（cm）；

H——曲轴偏心距（活塞行程 cm）。

由此可见，经上述流量变换机构的转换后，测燃油消耗量转化为测定流量变换机构曲轴的旋转圈数。这可由装在曲轴一端的信号转换装置完成。

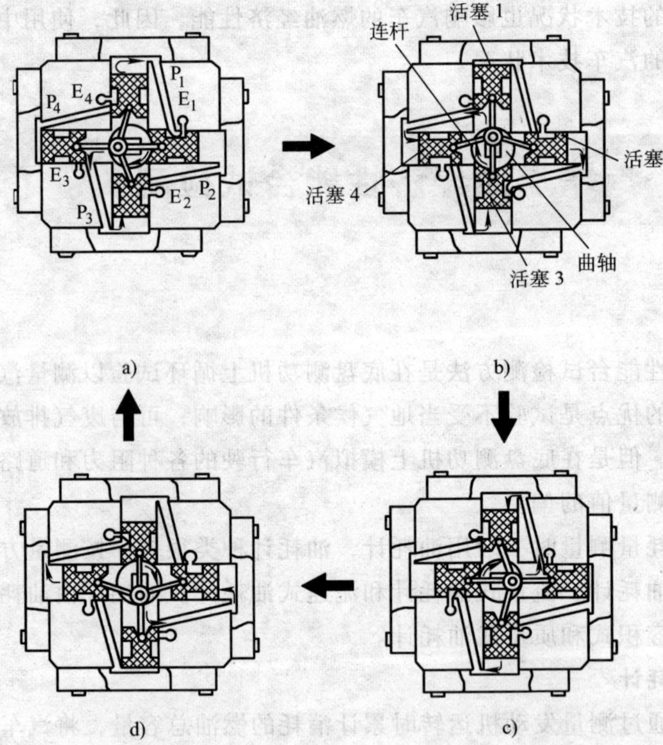

图 3-1 行星活塞式油耗传感器工作原理

P_1、P_2、P_3、P_4—油道 E_1、E_2、E_3、E_4—排油口

信号转换机构如图 3-2 所示，装在曲轴的另一端，由主动磁铁、从动磁铁、转轴、光栅板、发光二极管、光敏管、电缆插座及壳体等组成。主动磁铁装在曲轴端部，从动磁铁装在转轴端部，两磁铁相对安装但磁铁之间留有间隙，构成磁性联轴器；光栅固定在转轴上，由转轴带动旋转；光栅两侧装有发光二极管和光敏管。当曲轴转动时，通过磁性联轴

器带动转轴及光栅旋转，通过发光二极管和光敏管的光电作用，把曲轴的转动变成电脉冲信号送入计量显示仪，该电脉冲数与曲轴转过的圈数成正比，经过内部运算处理后，即可显示出燃油消耗量。

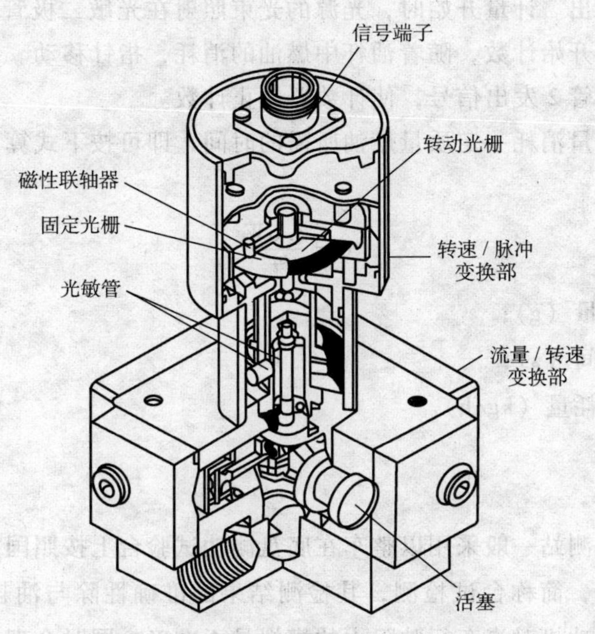

图 3-2　行星活塞式油耗计信号转换机构

二、质量式油耗计

质量式油耗计由称重装置、计数装置和控制装置组成，如图 3-3 所示。

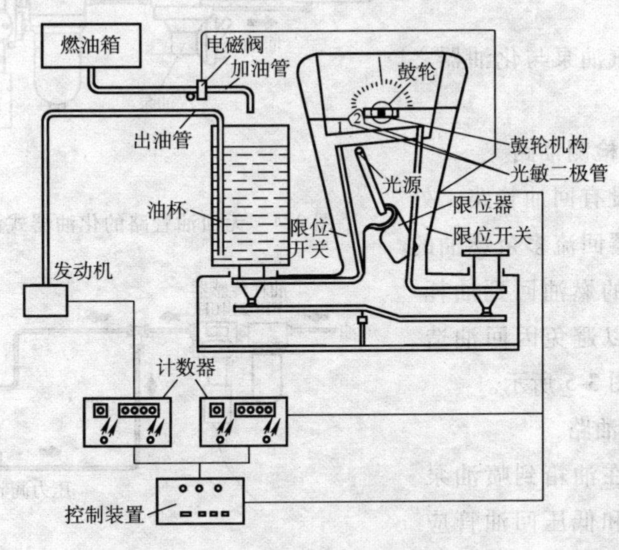

图 3-3　质量式油耗计

称重装置的秤盘上装有油杯，燃油经电磁阀加入油杯。电磁阀的开闭由装在平衡块上的行程限位器拨动两个微型限位开关来控制。光电传感器由两个光敏二极管和装在棱形指针上的光源组成，用于给出油耗始点和终点信号。光敏二极管 1 为固定式，光敏二极管 2 装在活动滑块上，滑块通过齿轮齿条机构移动，齿轮轴与鼓轮相连，计量的燃料量通过转动鼓轮从刻度盘上读出。计量开始时，光源的光束照射在光敏二极管 1 上，光敏二极管 1 发出信号，使计数器开始计数，随着油杯中燃油的消耗，指针移动。当光束射到光敏二极管 2 上时，光敏二极管 2 发出信号，使计数器停止计数。

质量式油耗计测量消耗一定质量燃油所需的时间，即可按下式算出单位时间内发动机的燃油消耗量。

$$G = \frac{3.6W}{t}$$

式中 W——燃油质量（g）；

t——测量时间（s）；

G——燃油消耗量（kg/h）。

【任务实施】

我国综合性能检测站一般采用以整车在底盘测功试验台上按照国家标准模拟道路试验来检测燃油经济性能，简称台试检测，其检测结果的准确性除与油耗计的测试精度有关外，还取决于底盘测功机对汽车行驶阻力的模拟是否准确，同时合理布置检测油路和排净油路中的气泡对保证检测的准确性也至关重要。

一、连接检测油路

1．无回油管路的化油器式汽油车检测油路

油耗计串接在汽油泵与化油器之间，如图 3-4 所示。

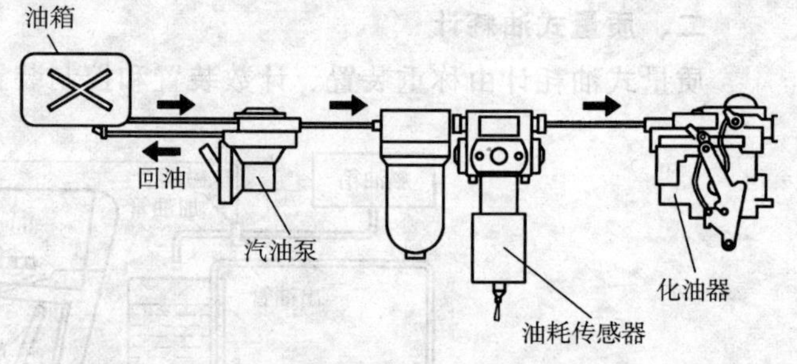

图 3-4　无回油管路的化油器式汽油车检测油路

2．电喷汽油车检测油路

电喷汽油车多设有回油管路，处理从燃油压力调节器回流多余燃油的问题，必须让多余的燃油回到油耗传感器的输出端，以避免因回油造成的多余计数，如图 3-5 所示。

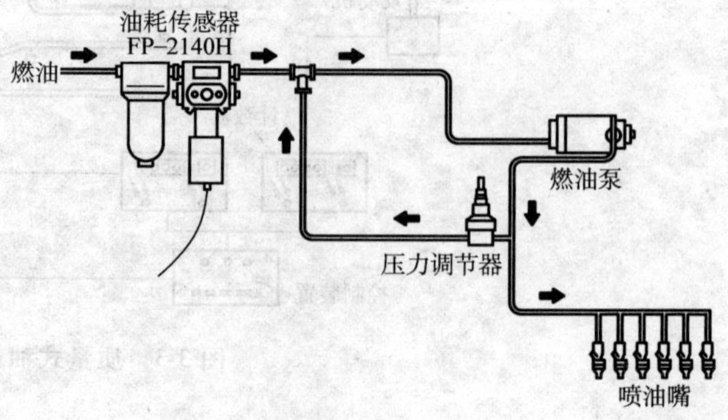

图 3-5　电喷汽油车检测油路

3．柴油车检测油路

柴油机应串接在油箱到喷油泵的油路当中，高压和低压回油管应接在油耗传感器的出口管路上，以免燃油被油耗传感器重复计量，如图 3-6 所示。

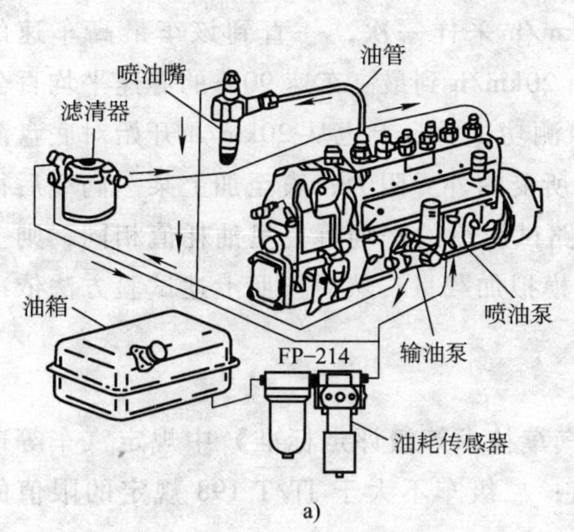

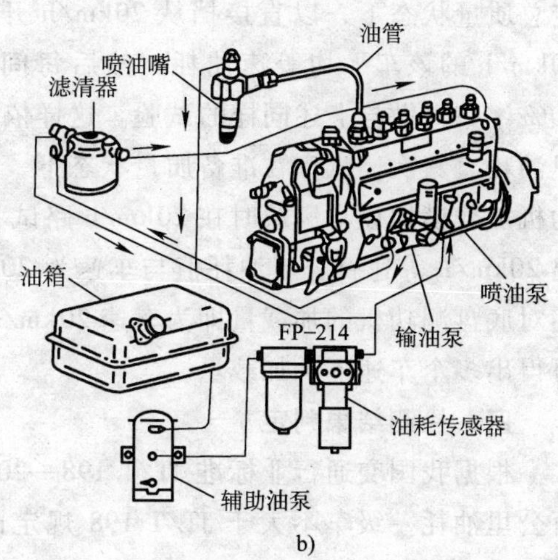

图 3-6　柴油车检测油路

图 3-6a 所示在小流量时测试没有问题，但在大流量的发动机测量时，由于气穴现象产生气泡，引起测量误差，应在油箱和油耗传感器之间装辅助油泵，如图 3-6b 所示。

二、排除油路中的气泡

油路中的气泡对油耗检测结果影响很大，油耗计会把气泡所占的容积当作燃油消耗量计量，使得检测数据高于实际数，造成测量值的失真，因此，测量开始前应将管路中的气体排净。

1. 汽油机油路中空气泡的排除

把车上从油箱到汽油泵的管路“短路”，装上密封性好的无堵塞的新油管，用性能较稳定的电动汽油泵和汽油滤清器代替原车相应部件，减短油泵到传感器的油管长度，使油泵到油耗传感器的阻力大大减小，从而避免了空气气泡对检测结果的不良影响。

2. 柴油机油路中空气泡的排除

在油路中装好油耗计后，用手动泵泵油，以泵油压力排除油路中的空气泡。此项工作必须在发动机起动之前完成，且在测量完拆去油耗计恢复原油路后仍需排除油路中刚产生的空气泡。

三、汽车经济性能台试检测

1. 测量方法

当汽车驶上底盘测功试验台后，连接好检测油路，排净油路中的空气泡，然后在底盘测功试验台上进行加载，使加载量符合该车在路试状态下的各种阻力，然后进行油耗检测。

1）起动发动机，使其运转至正常工作温度。

2）在测功机上，变速器置于直接挡，测功机加载至限定条件，使汽车稳定在测试车速，测量燃油消耗量，并换算成百公里燃油消耗量。

2. 台架试验中模拟加载量的确定

模拟加载量的确定方法是：首先，汽车（走合过的新车或接近新车的在用车）在额定总质量状态下，以直接挡从 20km/h 开始做燃油消耗量试验。往返采样各三次，得出 20km/h 的该车平均等速油耗，然后每间隔 10km/h 采样一次，一直到该车最高车速的 90%，一直做与上述同样的试验。这样依次得出 20km/h 到最高车速 90% 的等速平均百公里油耗。其次，汽车在准备质量状态下，在底盘测功试验台上也从 20km/h 开始对底盘测功机加载模拟该车满载时在 20km/h 路试状态下所受的外界阻力，直至加上某一满载后得出 20km/h 等速百公里油耗值与车速为 20km/h 路试所得的平均百公里油耗值相同，则上述对底盘测功机的加载量即为车速 20km/h 时的模拟加载量；然后按照上述试验方法依次可得出多个车速下的加载量。

四、检测结果判定

根据我国交通行业标准 JT/T 198—2004《汽车技术等级评定标准》中规定汽车等速百公里油耗一级车不大于 JT/T 198 规定的限值；二级车不大于 JT/T 198 规定的限值的 110%。

工作任务 3　汽车燃油经济性能路试检测

【基础知识】

汽车燃油经济性能道路试验规定如下。

GB/T 12545.1—2008《汽车燃料消耗量试验方法 第 1 部分：乘用车燃料消耗量试验方法》对汽车在路试条件下燃油消耗量的试验规范和项目规定如下。

1. 试验规范

汽车路试的基本规范依照 GB/T 12534—1990《汽车道路试验方法通则》。

2. 试验项目

1）GB 18352.3 规定的工况循环燃料消耗量试验。

2）等速燃油消耗量试验。

3）限定条件下的平均使用燃油消耗量试验。

3. 试验条件

（1）试验车辆载荷　除有特殊规定外，轿车为规定乘员数的一半（取整数）；城市客车为总质量的 65%；其他车辆为满载，乘员质量及其装载要求按 GB/T 12534—1990《汽车道路试验方法通则》的规定。

（2）试验仪器

1）车速测定仪器和汽车燃油消耗仪精度为 0.5%。

2）计时器：最小读数为 0.1s。

（3）试验道路　除另有规定外，各项性能试验应在清洁、干燥、平坦的沥青或混凝土铺装的直线道路上进行。道路长 2～3km，宽不小于 8m，纵向坡度在 0.1% 以内。

4. 试验一般规定

1）试验车辆必须清洁，关闭车窗和驾驶室通风口，只允许开动驱动车辆所必需的设备。

2）由恒温器控制的空气流必须处于正常调整状态。

3）试验车辆必须按规定进行磨合，其他试验条件、试验车辆准备按 GB/T 12534—1990《汽车道路试验方法通则》的规定。

【任务实施】

一、GB 18352.3 规定的工况循环燃料消耗量试验

1．布置测试路段

测试道路两端各布置 50m 的预备路段，中间布置 500m 的试验路段，用标杆做好标记。

2．试验方法

汽车挂直接挡（没有直接档可挂最高档），以(30±1)km/h 的初速度稳定通过 50m 的预备路段，在测试路段的起点开始，节气门全开，加速通过测试路段。测量并记录通过测试路段的加速时间、燃料消耗量和试验车在测试路段终点时的速度。

试验往返两次，测得同方向加速时间的相对误差不大于 5%，取四次测试结果的算术平均值作为测定值。

3．试验结果判定

此项试验是为了检验汽车的技术状况，其测定值应达到该车的技术要求。经本项试验后，做其他燃油消耗量试验时，汽车发动机不得再作调整。

二、等速行驶燃油消耗量试验

1．布置测试路段

测试道路两端各布置 50m 的预备路段，中间布置 500m 的试验路段，用标杆做好标记。

2．试验方法

汽车用常用挡位，等速行驶，通过 500m 的测试路段，测量通过该路段的时间和燃油消耗量。

试验车速从 20km/h（最小稳定车速高于 20km/h 时，从 30km/h 开始）开始，以 10km/h 的整数倍均匀选取车速，直到最高车速的 90%，至少测定 5 个试验车速。

同一车速往返各进行两次。

3．绘制等速燃油消耗量特性曲线

以试验车速为横坐标，燃油消耗量为纵坐标，绘制等速燃油消耗量散点图。根据散点图，绘制等速行驶燃料消耗量特性曲线。

工作任务单

学习情境 3　汽车燃油经济性能检测

<table>
<tr><td colspan="2">车辆型号：</td><td colspan="2">车辆识别代码：</td></tr>
<tr><td>姓名：</td><td>班级：</td><td>学号：</td><td rowspan="2">成绩：</td></tr>
<tr><td>日期：</td><td colspan="2">指导教师签字：</td></tr>
</table>

一、写出下列词语的英文翻译

燃料________________　　性能________________

消耗________________　　检测________________

气压________________　　风速________________

二、完成汽车燃油经济性能检测实训项目工作任务报告单

1. 实训目的

(1) 熟悉底盘测功试验台、油耗计的基本结构、工作原理。

(2) 掌握汽车燃油经济性能的检测方法。

(3) 能对汽车燃油经济性能进行分析。

2. 实训设备及器材

____

____

____

3. 实训内容及操作方法

(1) 台试检测。

检测方法：________________________________

____

____

____

____

____

检测结果：________________________________

____

____

(2) 路试检测。

检测项目及方法：

检测结果：

原因分析：

三、回答下列问题

(1) 在汽车燃油经济性能检测中使用的油耗计结构有何特点？

(2) 在检测工作中应注意的问题有哪些？

学习情境 4

汽车制动性能检测

学习目标：

通过本学习情境的学习，需要做到：

1）能够对汽车制动性能进行评价。

2）能够根据制动系统的工作情况分析汽车制动性能。

3）能够制订工作计划并完成汽车制动性能的检测工作任务。

4）能对检测结果进行分析判定。

情境描述：

某车主驾车来到汽车维修站，向维修主管讲述自己的轿车最近感觉制动效果不太好，制动时有跑偏的现象，要求检修。根据车主的要求，请你做出工作计划和信息采集，完成检修工作任务。

咨询：

要完成上述工作，必须具备的知识和技能有：

1）汽车制动性能的评价指标及其分析。

2）汽车制动系统的工作情况。

3）汽车制动性能检测设备的结构、原理和使用方法。

4）汽车制动性能的检测方法。

5）国家相关的检测标准。

根据以上分析，汽车制动性能检测的学习情境可通过实施以下三个工作任务来完成：

- 汽车制动性能分析。
- 汽车制动性能台试检测。
- 汽车制动性能道路试验。

工作任务 1　汽车制动性能分析

【基础知识】

汽车制动性能包括行车制动性能和驻车制动性能。行车制动性能是指汽车行驶中强制降低行驶速度以至停车且维持行驶方向稳定的能力；驻车制动性能是指汽车在一定坡道上长时间停车的能力。

本学习情境主要分析行车制动性能。

一、制动力学

1．地面制动力

车辆在制动时，车轮制动器使车轮受到与汽车行驶方向相反的地面切向反作用力称为地面制动力 F_{xb}，它是一种能使汽车产生制动并迅速降低车速的外力。

汽车在状况良好的道路上制动时的车轮受力情况如图 4-1所示。图中忽略了影响较小的滚动阻力矩和减速时的惯性力、惯性力矩；M_{μ} 是车轮制动器的摩擦力矩；F_{xb} 为地面制动力，W 为车轮的垂直载荷，F_P 为车轴对车轮的推力，F_z 为地面对车轮的法向反作用力。

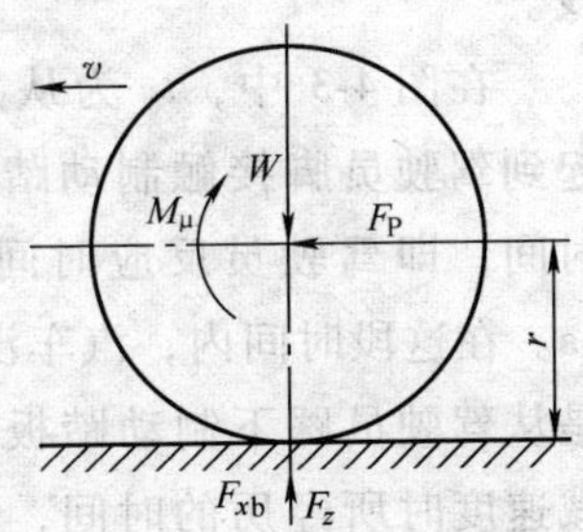

图 4-1　车轮制动时的受力分析

由力矩平衡分析得出

$$F_{xb}=\frac{M_{\mu}}{r} \tag{4-1}$$

式中　r——车轮半径（m）。

2．制动器制动力

为克服制动器摩擦力矩而在车轮周缘所施加的切向力称为制动器制动力 F_{μ}，即

$$F_{\mu}=\frac{M_{\mu}}{r} \tag{4-2}$$

3．地面制动力、制动器制动力、附着力之间的关系

地面制动力是用来约束车轮滑动摩擦的力，其最大值受附着力的影响。假若不考虑制动过程中 φ 值的变化，则当车轮制动力上升到某一值，且地面制动力达最大值且等于附着力时，车轮将抱死而滑移。制动力再次增加，制动器制动力 F_{μ} 由于制动器摩擦力矩的增长，仍按直线关系继续上升，但地面制动力已达到附着力的值，并不再增加了。制动过程中，这三者之间的关系，如图 4-2所示。

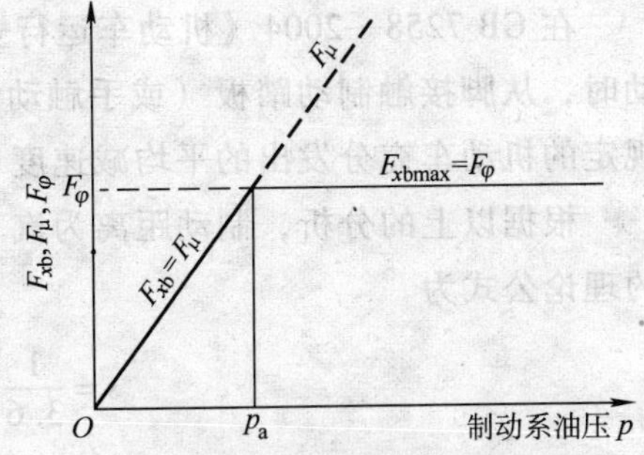

图 4-2　制动时地面制动力、制动器制动力及附着力的关系

汽车的地面制动力首先取决于制动器制动力，但同时又受到车辆轮胎和道路附着系数的影响。所以，只有当汽车拥有足够的制动力，同时轮胎与道路又具备足够的附着力时，汽车才能有足够的地面制动力而获得良好的制动性。

二、汽车制动性能评价指标及其分析

汽车的制动性能主要用制动效能、制动效能的恒定性和制动时汽车的方向稳定性三方面的指标来评价。

1. 制动效能

制动效能是指汽车迅速减速直至停车的能力。在《机动车运行安全技术条件》中规定用制动距离、制动减速度或制动力三者之一来评定，这是制动性能的基本评价指标。

（1）制动距离　制动距离是指汽车按规定的初速度行驶时，从驾驶员脚接触制动踏板起至车辆完全停止时止，车辆所行驶过的距离，它是制动效能最直观的评价指标。

在分析制动距离时，必须全面了解制动过程。图 4-3 所示为在测试制动距离过程中制动时间 t 与制动减速度 j 的关系曲线。

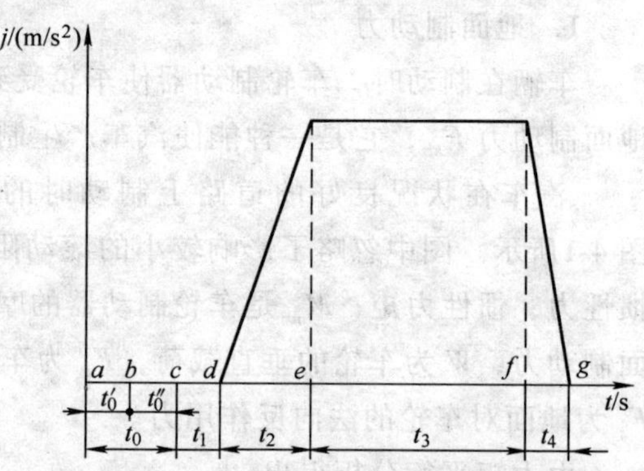

图 4-3　制动减速度-制动时间的关系曲线

在图 4-3 中，t_0 为从发现危险情况时起到驾驶员脚接触制动踏板时止所经历的时间，即驾驶员反应时间，一般为 0.3～1s。在这段时间内，汽车没有产生制动。t_1 是从驾驶员踩下制动踏板到汽车出现制动减速度时所经历的时间，称为制动器作用时间。它用来消除制动系机械部分的传动间隙和制动踏板的自由行程，克服液压或气压沿管路的传递，克服制动片与制动盘的间隙等。在 t_1 时间内，汽车也没有进行制动。t_2 是制动力和制动减速度由 0 增加到稳定值时所经历的时间。常把 $t_1 + t_2$ 称为制动系统协调时间，一般为 0.2～0.9s。t_3 是以稳定减速度制动的时间。t_4 是指从驾驶员松掉制动踏板时起到制动力完全消失时所经历的时间，称为制动解除时间，一般为 0.2～1s。这段时间不影响制动过程，但时间越长，会影响随后的起步行驶时间。

在 GB 7258—2004《机动车运行安全技术条件》中规定：制动协调时间是指在急踩制动时，从脚接触制动踏板（或手触动制动手柄）时起至机动车减速度（或制动力）达到规定的机动车充分发出的平均减速度（或规定的制动力）的 75% 时所需的时间。

根据以上的分析，制动距离为汽车在 t_1、t_2、t_3 时间内所驶过的距离。汽车制动距离的理论公式为

$$s = \frac{1}{3.6}\left(t_1 + \frac{1}{2}t_2\right)v_0 + \frac{v_0^2}{25.9 j_{\max}} \tag{4-3}$$

式中　v_0——制动初速度（km/h）。

综上所述，影响汽车制动距离的主要因素是：制动初速度、制动系统协调时间、最大

制动减速度。因此，制动协调时间和制动距离越短的车辆制动性能越好。

(2) 制动减速度　车辆制动过程中，一般认为制动到车轮抱死状态具有最大的地面制动力，因而产生最大制动减速度。其数值为

$$j_{max}=\varphi g \tag{4-4}$$

车辆制动过程当中，制动减速度越大，则制动效果越好。制动力越大，制动减速度也越大。制动减速度是评价制动性能的重要参数之一，可以用制动减速度仪来检测。

在 GB 7528—2004《机动车运行安全技术条件》中规定，不能用制动稳定减速度来评价制动性能。应用充分发出的平均减速度来评价汽车制动性能，因为它测试时不受车辆倾角的影响，能够较精确的反映车辆的制动减速度特性。

充分发出的平均减速度，用符号 MFDD 表示，其定义为

$$\mathrm{MFDD}=\frac{v_b^2-v_e^2}{25.92\ (S_e-S_b)} \tag{4-5}$$

式中　v_b——$0.8v_0$ 车辆的速度（km/h）；

v_e——$0.1v_0$ 车辆的速度（km/h）；

S_b——在速度 v_0 和 v_b 之间车辆行驶过的距离（m）；

S_e——在速度 v_0 和 v_e 之间车辆驶过的距离（m）。

(3) 制动力　制动力是使车辆强制减速到完全停车的最本质因素。制动力的变化特性表征了减速度的变化特性，间接地反映了制动距离的变化。因此，用制动力检验汽车的制动效能是从本质上进行的检验方法，能够全面地评价汽车的制动性能。

2. 制动效能的恒定性

制动效能的恒定性是指制动器抵抗热衰退和水衰退的能力。

(1) 制动效能的热衰退　汽车高速行驶或下坡频繁制动时，制动器温度升高后制动效能下降，制动距离增大，即产生热衰退。

热衰退是目前车轮制动器的普遍现象，主要原因是由于制动器摩擦片一般由石棉、树脂等材料压制而成。车辆制动时制动器摩擦片温度升高到超过其压制时的温度后，将会使摩擦材料分解出一些气体和液体，覆盖在摩擦表面起润滑作用，降低摩擦系数。

热衰退的程度与制动器结构有关。轿车车速较快，制动初速度大，一般采用盘式制动器来获得较好的散热性能，故热稳定性较好。而鼓式制动器由于散热差，制动时温度较高，热稳定性较差，且以自动增力式鼓式制动器热衰退最严重。

抵抗热衰退的能力，常用在一系列连续制动后，制动效能较冷态时下降的程度，即热衰退率 η_t 来表示

$$\eta_t=\frac{j_{冷}-j_{热}}{j_{冷}}\times 100\%=\frac{S_{热}-S_{冷}}{S_{热}}\times 100\% \tag{4-6}$$

式中　$j_{冷}$——制动器冷态下的制动减速度（m/s^2）；

$j_{热}$——制动器高温时的制动减速度（m/s^2）；

$S_{冷}$——制动器冷态下的制动距离（m）；

$S_{热}$——制动器高温时的制动距离（m）。

国际标准草案ISO/DIS 6597中规定，以一定车速连续制动15次，每次的制动强度为$3m/s^2$，最后的制动效能应不低于规定的试验制动效能（$5.8m/s^2$）的60%，条件是制动踏板力不变。

（2）制动效能的水衰退　汽车涉水后制动性能下降、制动效果变差称为水衰退。车轮制动器涉水后，在制动器摩擦片与制动盘（鼓）之间形成一层水膜，由于水膜的润滑作用将使摩擦系数降低，导致车辆制动性能下降。车辆涉水后应立即踩下制动踏板数次，利用制动器摩擦片产生的热量使水分迅速蒸发，来快速恢复制动器的性能。

3．制动时汽车的方向稳定性

制动时汽车按照驾驶员给定方向行驶的能力称为制动时汽车的方向稳定性。即制动过程中不发生制动跑偏、制动侧滑和失去控制方向的能力。

（1）制动跑偏　车辆在直线行驶制动过程中，未按直线方向减速停车而是向左或向右发生偏驶的现象，称为制动跑偏。

车辆产生制动跑偏的主要原因是左、右车轮制动力大小不一致或左、右车轮制动力增长快慢不一致，特别是转向车轮影响最大。另外，汽车底盘零件发生变形，或调整不当也将会造成跑偏。

图4-4所示为左、右转向车轮制动力不一致引起车辆制动跑偏的受力分析图。假定左前车轮制动力大于右前车轮，因此地面制动力 $F_{x1l} > F_{x1r}$。且前、后轴分别受到地面侧向反力 F_{y1} 和 F_{y2} 的作用。由于 F_{x1l} 绕主销的力矩大于 F_{x1r} 绕主销的力矩，虽然转向盘固定不动，但转向系各零件间存在一定的间隙和弹性变形，转向轮仍将产生一向左偏转的角度，使汽车向左跑偏。同时由于转向轮有一定的主销后倾角，使 F_{y1} 对转向轮产生一同方向的偏转力矩，并加大转向车轮跑偏程度。

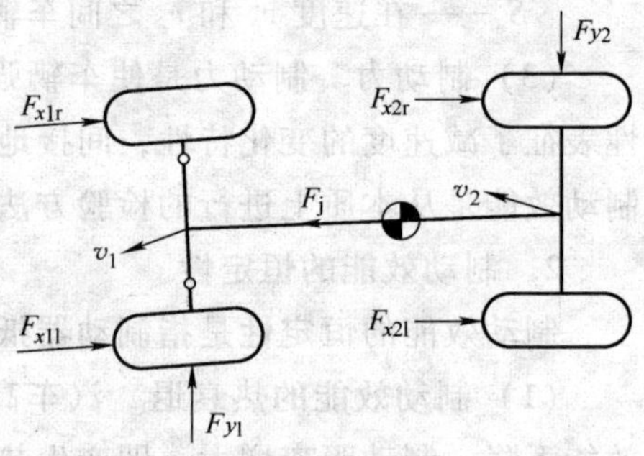

图4-4　制动跑偏时的受力分析

通过试验表明，前轴左、右制动力之差超过该轴轴荷的5%，后轴左、右车轮制动力之差超过该轴轴荷的10%时将引起制动跑偏。

（2）制动侧滑　车辆在制动时某一轴或两轴发生横向滑移的现象称为制动侧滑。

1）侧滑产生的条件。制动过程中车轮侧滑的受力分析如图4-5所示。

该轮所受垂直载荷为 W，地面法向反力为 F_z，制动器摩擦力矩为 M_u，产生的地面制动力为 F_{xb}；由于侧风、道路、横坡等引起的侧向力及转弯时的离心力的作用，车轮上作用的侧向力 F_y，相应的地面侧向反力为 Y。

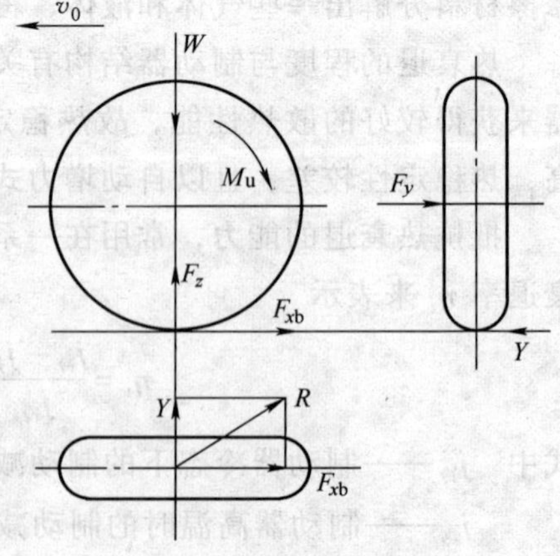

图4-5　车轮侧滑的受力情况

车辆制动时车轮受到侧向力作用，地面产生侧向反作用力 Y。由附着条件可知，在地面反作用力和侧向力同时存在时，两者的合力应小于附着力，否则将产生侧滑。所以在地面制动力 F_{xb}的作用下，不产生侧滑所承受的侧向力为

$$F_y < \sqrt{(F_z\Phi)^2 - F_{xb}^2} \tag{4-7}$$

上式表明，车辆抵抗侧滑的能力与作用在车轮上的地面制动力和法向力有关。当地面制动力与车轮和地面附着力相等时，即使是微小的侧向力都会使车轮产生侧滑。

2）汽车前轴侧滑分析。如图 4-6a 所示，车辆在直线行驶过程中，若前轮抱死而后轮滚动，则前轴在侧向力的作用下发生侧滑。汽车前轴中点的速度方向偏离汽车纵向行驶轴线，其夹角为 α。而后轴中点的速度方向没有改变，汽车将围绕瞬时回转中心即速度 u_A 和 u_B 两垂线的交点 O 点转弯，生成离心惯性力 F_j，其作用能够抵消侧向力，并降低侧滑。F_j 在侧向力消失时可使汽车具有自动回正的能力，因此，前轴抱死产生侧滑对汽车前进方向影响不大，但弯道行驶时汽车丧失转向能力。

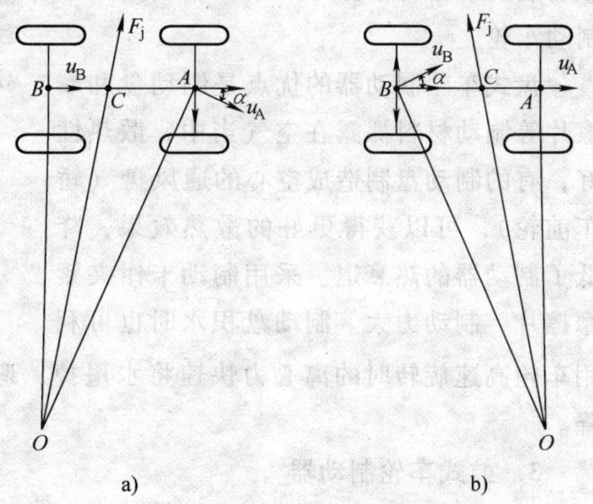

图 4-6　汽车侧滑时的运动情况

a）前轴侧滑　b）后轴侧滑

3）汽车后轴侧滑分析。图 4-6b 所示为车辆后轴侧滑时的受力图，此时后轮抱死而前轮滚动。若在侧向力作用下后轴发生侧滑，则侧滑的方向又与惯性力 F_j 的方向基本一致。于是惯性力加剧后轴侧滑；后轴进一步侧滑又促使惯性力增大。如此反复，汽车将产生严重甩尾，甚至调头。

因此，在现代轿车上一般配备 ABS 加比例阀或 ABS 加 EBD 装置，可有效防止车轮抱死特别是后轮抱死或先抱死。车辆发生侧滑时，驾驶员尽量朝后轴侧滑方向适度转动转向盘，以增大回转半径来减小惯性力，降低侧滑的危害。

三、制动系统的工作情况

1．制动系统的工作原理

制动系统一般由制动踏板、制动总泵、油管、制动分泵、摩擦片等零件组成，如图 4-7 所示。在踩下制动踏板时，

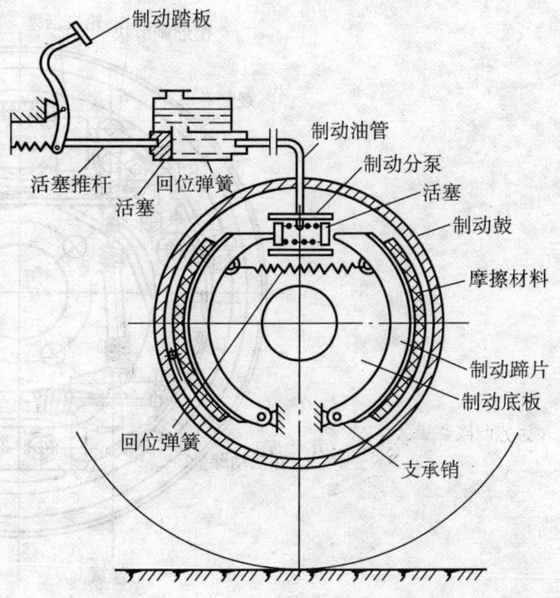

图 4-7　制动系统工作原理

制动总泵内油压升高，通过管道流至制动分泵，通过推动分泵活塞来推动摩擦片，使摩擦片与制动旋转部件之间产生很大的摩擦力即制动力来制动车辆。

2．盘式车轮制动器

盘式车轮制动器由制动盘、制动卡钳、摩擦片、活塞等零件组成，如图 4-8 所示。制动过程中，液压油从制动总泵经管道流至制动卡钳油缸内，推动分泵活塞移动制动卡钳将摩擦片夹紧在制动盘上来制动车轮。

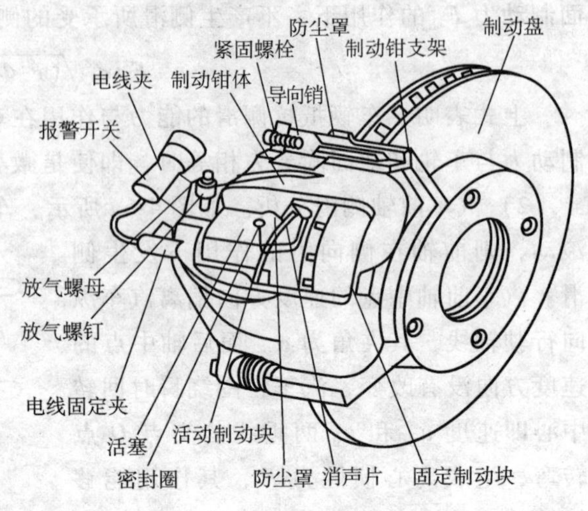

图 4-8　盘式车轮制动器

盘式车轮制动器的优点是制动盘和摩擦片等制动材料裸露在空气当中，散热性好，有的制动盘制造成空心的通风盘（轿车前轮），可以获得更好的散热效果，降低了制动器的热衰退。采用制动卡钳夹紧摩擦片，制动力大。制动盘积水时也可利用车轮高速旋转时的离心力快速将水甩掉，避免了摩擦片长时间沾水造成的制动性能下降。

3．鼓式车轮制动器

鼓式车轮制动器由制动鼓、摩擦片、制动分泵等零件组成，如图 4-9 所示。在制动时制动液经管道流至制动分泵内，推动前后两活塞向外移动，活塞将制动蹄片向外顶开，使摩擦材料压紧在制动鼓内壁上，产生很大的制动力来制动车轮。

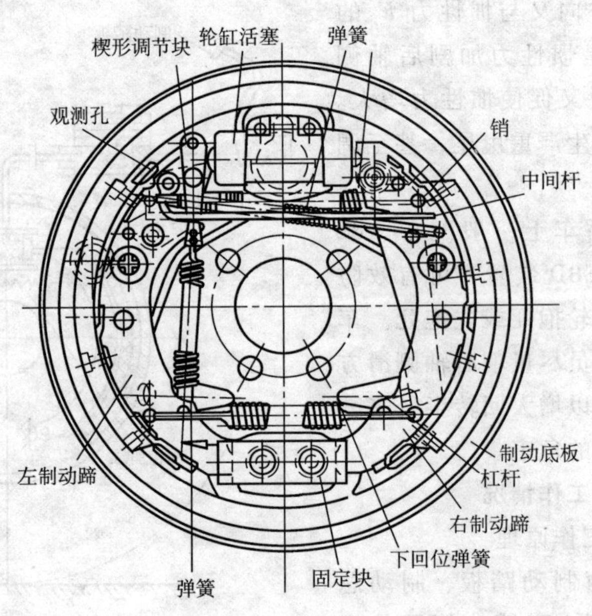

图 4-9　鼓式车轮制动器

鼓式车轮制动器主要零件安装在制动鼓内，导致制动器散热性较差，另外在车辆涉水过后，制动器内的积水在短时间内难以甩干，会造成短时间内制动效果降低，驾驶员可连续踩下制动踏板数次，利用摩擦产生的高温迅速将水蒸发掉。

四、影响汽车制动性能的主要因素

1. 车轮防抱死及制动力调节

汽车在制动过程中，如果车轮抱死，制动距离将大大增加，前轮抱死车辆将失去转向能力，后轮抱死车辆产生甩尾，酿成严重的交通事故。现代轿车基本上都将 ABS 防抱死制动装置和 EBD 电子制动力分配系统作为标准配备，电脑控制制动力分配能提高汽车制动时的方向稳定性，且制动效率也较高。

汽车的附着力和车轮的转动状况有很大关系，当滑移率 $S=10\%\sim20\%$ 时，附着系数最大，能充分发挥轮胎与地面间的潜在附着力，能够完全满足对汽车制动性的要求，目前已出现了多种形式的防抱死制动装置。

安装了防抱死装置后，在紧急制动时，能使车轮处于滑移率为 $10\%\sim20\%$ 的状态，从而防止车轮完全抱死。此时，汽车的纵向附着系数和侧向附着系数达到最大，能够保证汽车的行驶方向稳定性，并有良好的转向操纵性，能提高制动减速度和缩短制动距离。

为防止在制动过程中后轮先抱死出现甩尾、侧滑等严重事故，必须合理地分配前后车轮的制动力，在现代汽车制动系统中安装有各种调节装置，较老一点的车型安装有比例阀，如感载比例阀、惯性比例阀等用来调节前后轮之间的制动力，比较新的车型一般取消了传统的比例阀，而采用电子制动力分配系统（EBD），此装置一般与 ABS 执行器安装为一整体。

2. 制动系统结构

（1）制动总泵　制动总泵与制动踏板连接，总泵由液压活塞、橡胶密封圈、回位弹簧、制动液室等零件组成，在车辆行驶过程中，由于驾驶员需频繁踩下制动踏板，随着车辆使用时间变长，将会造成总泵内橡胶密封圈老化、活塞磨损等现象，造成制动总泵泄漏，使液压力下降，使制动效果变差。

（2）车轮制动器　车轮制动器的摩擦片、制动旋转部件的结构和材料的好坏直接影响制动器的摩擦力矩和制动效能的热衰退。

不同结构的制动器，其制动效率也不同。盘式制动器散热效果较好，热衰退较小，一般在轿车上采用。鼓式制动器制动力矩较大，一般安装在载货汽车上，但是由于其散热效果较差，不宜长时间频繁使用，否则会因摩擦片温度过高降低摩擦系数最终使制动失效。现代载货汽车都带有排气制动装置，另外下长坡时还可利用发动机制动来降低车速。

制动器的制动状况还与设计、使用维修、以及零件质量有很大关系。在设计制造过程中应选用与车辆匹配较好的制动器，制动器与车辆匹配不好，将给车辆带来很大安全隐患。在使用维修过程中，应注意选择优质的零件，在维修安装过程中也必须严格按照车辆维修手册进行装配，否则将造成制动性能下降。如摩擦片与制动鼓接触不均匀或接触面积过小将降低制动摩擦力矩，摩擦片沾有油污、水等都会使摩擦力矩下降。

3. 制动初速度

制动初速度越高，通过制动消耗的运动能量越大，制动时产生的热量也越大，制动距离也会延长，故车速较快的汽车（如轿车）一般采用散热性较好的盘式制动器，而载货汽车速度相对较慢，可采用鼓式制动器。

4．利用发动机制动

汽车在下长坡时如果频繁使用制动器，会使摩擦片产生很大的热衰退，最终将使制动器烧损，但如果在下长坡时挂低速挡，将发动机与传动系连接起来，而此时节气门关闭，高速旋转的车轮将带动传动系统驱动发动机加速旋转，利用发动机在压缩行程时的阻力来约束车轮高转速获得发动机制动。由于减少了车轮制动器的使用次数，可以使车轮制动器处于低温并且保持良好的工作状态以备在紧急制动时使用。

发动机的制动效果对汽车制动性的影响很大，它除了下长坡时可以减轻车轮制动器的负荷外，还可通过差速器将制动力矩平均分配到左、右车轮上，减少车辆侧滑、甩尾现象，在冰雪或湿滑的道路上，这种作用尤其重要。

有些经常行驶在山区的柴油载货汽车，为了提高发动机的制动效果，在排气歧管的末端安装有排气制动器，排气制动器内设有阀门，制动时将阀门关闭，使发动机只进气不排气来增加发动机气缸内的气体压力、增加发动机运转阻力来获得良好的发动机制动。

5．道路条件

道路的附着系数对制动性能影响很大，当制动时的初速度一定时，道路附着系数越小，制动距离越长。

由于在冰雪道路上行驶时附着系数最小，所以应利用发动机制动。在冰雪路面上制动时，利用发动机制动的辅助作用可使制动距离缩短 20% ~30%。

6．驾驶技术

驾驶技术对汽车制动性也有很大影响，一般有经验的驾驶员在制动时能将制动踏板踩下合适的行程、或者快速交替踩下和松开踏板保持车轮接近抱死而未抱死的状态，都可避免车轮抱死而获得良好的制动效果。带 ABS 防抱死制动装置的车辆在紧急制动时应一脚将踏板迅速踩到底，由 ABS 装置来自动调节车轮制动力，此时车轮处于边滚边滑的状态，避免了车轮抱死而造成车轮侧滑、甩尾、制动距离延长。

工作任务 2　汽车制动性能台试检测

【基础知识】

汽车制动性能台试检测即在制动试验台上对汽车制动性能的评价指标进行检测的一种试验方法，它具有迅速、准确、经济、安全，不受自然条件限制以及试验重复性好的优点，因而在国内外获得了广泛应用。

一、汽车制动性能台试检测项目

根据 GB 7258—2004《机动车运行安全技术条件》的规定，汽车制动性能台试检验项目有：

1）制动力。

2）制动力平衡要求。

3）车轮阻滞力。

4）制动协调时间。

二、汽车制动试验台

汽车制动试验台的类型很多，按测试原理可分为反力式和惯性式；按试验台车轮支承形式可分为滚筒式和平板式；按测试数据不同可分为测制动力式、测制动距离式和综合式；按试验台的结构不同可分为机械式、液压式和电气式；按测量车轴数不同可分为单轴、双轴和多轴式。目前反作用力式滚筒制动试验台应用广泛。

1. 单轴反力式滚筒试验台

（1）单轴反力式滚筒试验台构造　单轴反力式滚筒式试验台由左、右两组制动测试单元和一套指示、控制装置组成。每一套车轮制动测试单元由驱动电动机装置、滚筒组件、举升装置、测量装置等组成，如图 4-10 所示。

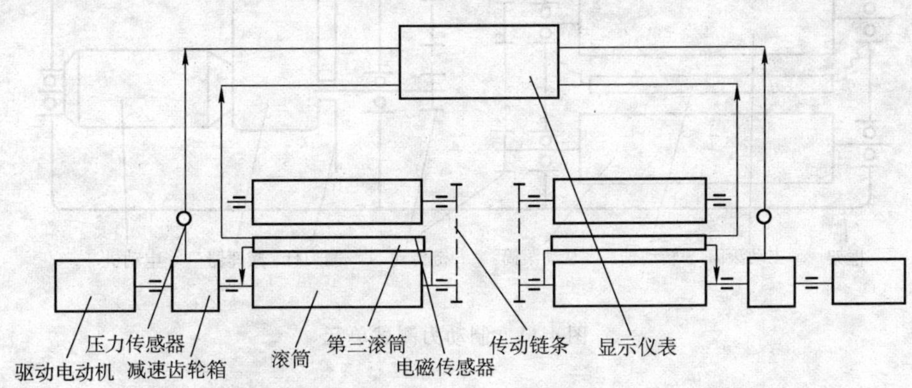

图 4-10　单轴反力式制动试验台

1）驱动装置。驱动装置由电动机、减速齿轮机构、传动链等零件组成。电动机转轴、减速器输出轴与主动滚筒旋转轴同心。试验台运转时，动力由电动机传入减速机构减速增矩后驱动主动滚筒，主动滚筒通过传动链带动从动滚筒旋转从而利用滚筒上摩擦材料的摩擦力驱动待测车轮旋转。减速器壳体为浮动连接，可以绕支承轴线摆动一定角度，电动机转轴与减速器输出轴分别通过滚动轴承和轴承座安装在框架内。制动试验台车速较低，滚筒直径较小，转速也较低，一般在 40～100r/min 范围内。

2）滚筒组件。每一个待测车轮由一对主、从动滚筒驱动，每个滚筒的两端分别由滚动轴承和支承座支承在框架内。每对滚筒轴线平行，滚筒用来支承、驱动车轮和传递车轮制动力。滚筒相当于一个活动路面，用来支承被检车辆的车轮，承受和传递制动力，为了增大滚筒与轮胎之间的摩擦力矩，滚筒表面都经过特殊处理，如：

① 滚筒圆周表面开有纵向浅槽，表面附着系数可达 0.65，但易损伤轮胎，粘附油、水等污垢时摩擦力将急剧下降。

② 滚筒圆周表面嵌有熔烧铝矾土砂粒，即使在潮湿环境下其附着系数都可达到0.8，但长期处在潮湿环境下工作，滚筒粘附层将会脱落。

③ 滚筒表面嵌有砂喷焊层，摩擦系数可达0.9。

④ 由高硅合金铸铁制造的滚筒，这种滚筒表面有沟槽，摩擦系数可达0.7～0.8。

两个滚筒之间还设置有一直径较小，既可自转又可上下摆动的第三滚筒，平时由弹簧使其保持在最高位置，检测时由被检车辆的车轮压下，并保持接触，其上装有电磁式转速传感器。同时第三滚筒还作为安全保护装置，只有当两个车轮制动测试单元的第三滚筒被同时压下时，试验台电路才能接通正常工作。

3）制动力测量装置。测量装置主要由测力杠杆和传感器等组成。测力杠杆一端连接传感器，一端连接减速器壳体。被测车轮制动时测量杠杆与减速器壳体一起绕旋转轴线摆动，传感器将摆动量转变成电信号传给控制电脑并通过显示屏显示出来，如图4-11所示。

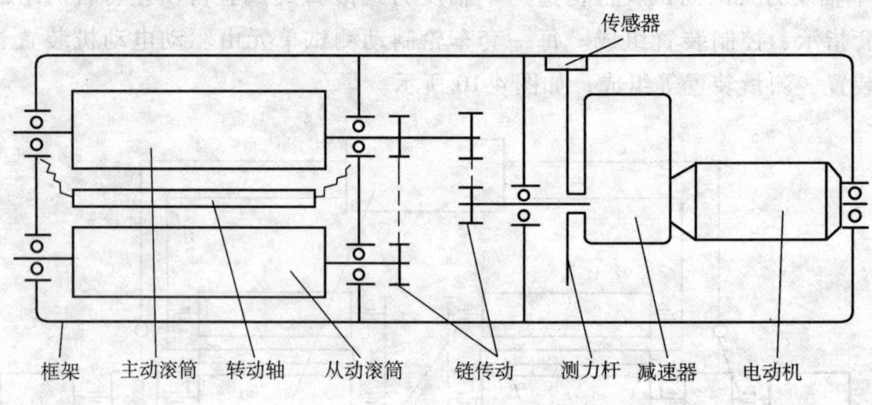

图4-11　制动力测试单元

4）指示与控制装置。现代制动试验台控制装置都采用电子式，有的控制装置配置有计算机，显示装置一般为数字显示，意大利SPACE制动试验台配备有遥控器及台式电脑，驾驶员可在车内用遥控器控制仪器，测试数据在电脑显示器上显示出来，大大提高了使用效率及数据准确性。

（2）单轴反力式滚筒试验台工作原理　单轴反力式滚筒试验台进行车轮制动力检测时，被检汽车驶上制动试验台，车轮置于主、从动滚筒之间，放下举升器（或压下第三滚筒，装在第三滚筒支架下的行程开关被接通）。通过延时电路起动电动机，经减速器、链传动和主、从动滚筒带动车轮低速旋转，待车轮转速稳定后驾驶员踩下制动踏板，如图4-12所示，车轮在车轮制动器的摩擦力矩 T_μ 作用下开始减速旋转。此时电动机驱动的滚筒对车轮轮胎周缘的切向方向作用制动力 F_{x1}、F_{x2} 以克服制动器的摩擦力矩，维持车

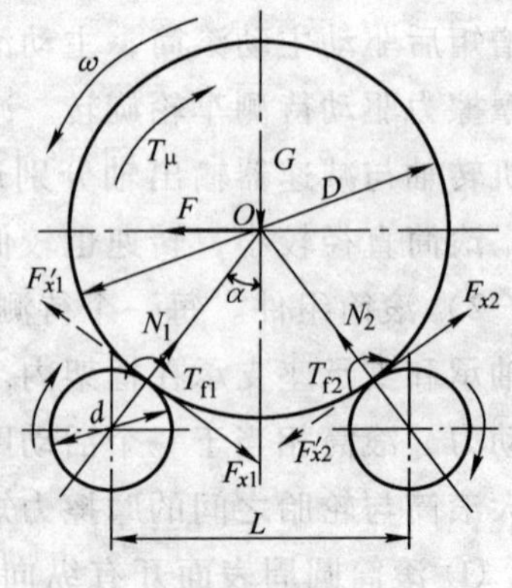

图4-12　制动试验时车轮受力

轮继续旋转。与此同时车轮轮胎对滚筒切向方向附加一个与制动力方向反向、等值的反作用力 F'_{x1}、F'_{x2}，在 F'_{x1}、F'_{x2}形成的反作用力矩作用下，减速器壳体与测力杠杆一起朝滚筒转动的相反方向摆动，测力杠杆一端的力或位移经传感器转换成与制动力大小成比例的电信号，经放大滤波后送往 A/D 转换器转换成相应数字量，经计算所采集、存储和处理后，检测结果由显示屏显示或打印机打印出来。

2. 单轴惯性式制动试验台简介

惯性式滚筒制动试验台的滚筒相当于一个移动的路面，试验台上每对滚筒分别带有飞轮，其惯性质量与受检汽车的惯性质量相当，因此滚筒传动系统具有相当于汽车在道路上行驶的惯性。该试验台主要检测参数是制动距离。图 4-13 所示是单轴惯性式滚筒试验台结构示意图。

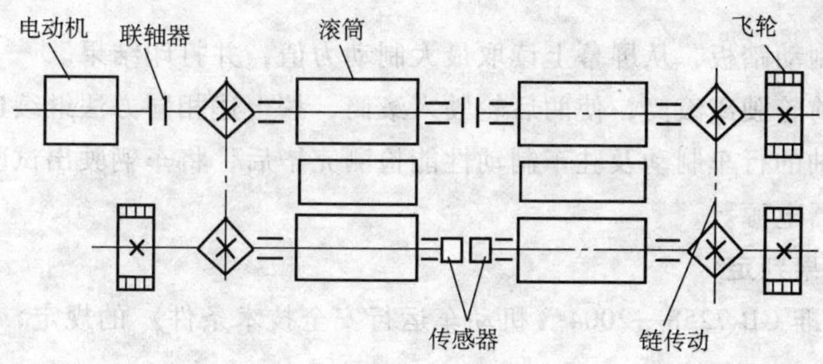

图 4-13　单轴惯性式滚筒试验台

该试验台在使用时，将车辆驶入两滚筒内，关闭发动机，起动电动机使车轮达到制动初速度，然后关闭电源，断开联轴器，驾驶员按规定的力矩踩下制动踏板，当车轮制动后，滚筒在惯性作用下继续转动，其转动的圈数即为车轮的制动距离。传感器记录下滚筒的圈数、制动初速度和减速度并转变成电信号处理后用显示屏显示出来。

【任务实施】

制动性能台试检测方法因试验台的型号而异，应根据使用说明书进行操作，这里仅介绍一般的检测方法。

一、检测前的准备

1. 试验台的准备

1）检查试验台滚筒清洁程度，应无泥、水、油等杂物，否则应清除干净。

2）使滚筒在无负荷状态下运转，检查仪器运转状况。

3）检查各指示灯及操纵开关工作是否正常。

4）检查各种连接导线有无损伤，各连接插头是否连接可靠。

2. 待测车辆的准备

1）确定车辆型号及各轴轴荷，确保被测车辆轴荷在试验台允许载荷范围内。

2）检查轮胎是否有严重磨损、变形，是否有石头、金属颗粒等杂物，如有，应清除干净。

3）检查轮胎气压是否符合标准。

二、汽车制动性能台试检测

1）打开试验台总电源，启动电脑。

2）将车辆沿其纵向中心线与滚筒轴线垂直的方向驶入试验台，使左、右车轮分别处在前后两滚筒之间。

3）车辆不熄火，变速器置于空挡，制动踏板和驻车制动器都松开，能够测试制动协调时间的试验台还需安装脚踏开关在制动踏板上。

4）起动试验台，使滚筒带动车轮转动，等运转平稳后，从屏幕上读取车轮阻滞力数据。

5）急踩下制动踏板，从屏幕上读取最大制动力值，并打印结果。

6）将车辆前轮驶离滚筒，使两后轮驶入滚筒，按上述相同方法继续进行检测。

7）所有车轴的行车制动及驻车制动性能检测完毕后，将车辆驶出试验台。

8）关闭仪器电源。

三、检测结果判定

依据国家标准 GB 7258—2004《机动车运行安全技术条件》的规定，汽车制动性能台试检测标准如下。

1．台试检验制动力要求

国家强制性标准 GB 7258—2004《机动车运行安全技术条件》中规定，台试检验制动力应符合表 4-1 的要求。

表 4-1　台试检验制动力要求

车辆类型	制动力总和与整车质量的百分比（%）		前轴制动力与轴荷的百分比（%）	
	空载	满载	前轴	后轴
乘用车、总质量不大于 3500kg 的货车	≥60	≥50	≥60[b]	≥20[b]
其他汽车、汽车列车	≥60	≥50	≥60[b]	—

注：[b]空载和满载状态下测试均应满足此要求。

2．制动力平衡要求

在制动力增长全过程中同时测得的左右轮制动力差的最大值，与全过程中测得的该轴左右轮最大制动力中大者之比，对前轴不应大于 20%，对后轴（及其他轴）在轴制动力不小于该轴轴荷的 60% 时不应大于 24%；当后轴（及其他轴）制动力小于该轴轴荷的 60% 时，在制动力增长全过程中，同时测得的左右轮制动力差的最大值不应大于该轴轴荷的 8%。

3. 汽车制动协调时间要求

制动协调时间对液压制动的汽车不应大于 0.35s；对气压制动的汽车不应大于 0.6s；汽车列车和铰接客车、铰接式无轨电车的制动协调时间不应大于 0.8s。

4. 汽车车轮阻滞力要求

进行制动力检验时各车轮的阻滞力均不应大于车轮所在轴轴荷的5%。

5. 驻车制动性能要求

测试驻车制动器时，机动车空载，乘坐一名驾驶员，使用驻车制动装置，驻车制动力的总和不应小于该车在测试状态下整车重量的 20%；对总质量为整备质量 1.2 倍以下的机动车为不小于 15%。

工作任务3 汽车制动性能路试检测

【基础知识】

汽车制动性能道路试验直观、简便，不需要大型设备和厂房，但只能测出整车制动性能，对各轮制动性能差异无法获得定量数据，且检测结果受驾驶员操作方法、路面状况、气候条件等的影响较大。

一、汽车制动性能道路试验检测项目

根据 GB 7258—2004《机动车运行安全技术条件》的规定，汽车制动性能路试检验项目有：

1）制动距离。

2）平均减速度。

3）制动稳定性。

4）制动协调时间。

5）驻车制动坡度。

二、汽车制动性能道路试验检测设备

汽车制动性能道路试验采用的设备是第五轮仪。关于第五轮仪的结构和原理已在学习情境 2 中作了阐述，这里不再重复。

【任务实施】

一、检测前的准备

1. 设置试验路段

试验路面应是平坦（坡度不超过 1%）、干燥和清洁的水泥或沥青路面。轮胎与路面的附着系数不小于 0.7，风速不大于 5m/s。选 50m 为测试区间，两端各 50m 为测初速度区间，并画出试验车道的边线。

2. 仪器准备

1）试验前，将五轮仪轮胎充气到规定值。

2）核准五轮仪的周长。如不符合要求，可通过调整轮胎气压或车轮对地面的接触压力，直到满意为止。

二、汽车制动性能道路试验

1）连接仪器并预热、自校。

2）按说明书的规定，按下与制动性能检测相关的键、开关等。

3）预选制动初速度。

4）汽车在道路上行驶，当达到预选的车速时，记录部分通过声响的方式对驾驶员进行提示。此时可继续提高车速，并在空挡滑行，当降到预选车速，再次听到声响提示时，即可踩下制动踏板，直至汽车完全停止。制动时的踏板力或制动气压应符合规定要求。

5）记录部分在汽车完全停止后，自动打印出制动减速度、制动距离、制动时间、制动减速度和速度——时间曲线。按下记录仪“重试”或“复位”键，可重新进行制动试验。

6）试验正反方向各试一次，取其平均值。

7）试验完毕，关闭记录仪电源，拆除仪器设备。

三、检测结果判定

国家标准 GB 7258—2012《机动车运行安全技术条件》中规定，制动性能道路试验应符合下列要求。

1．制动距离和制动稳定性要求

制动距离和制动稳定性要求见表 4-2。

表 4-2　制动距离和制动稳定性要求

车辆类型	制动初速度/（km/h）	满载检验制动距离要求/m	空载检验制动距离要求/m	试验通道宽度/m
乘用车	50	≤20.0	≤19.0	2.5
总质量不大于 3500kg 的低速货车	30	≤9.0	≤8.0	2.5
其他总质量不大于 3500kg 的汽车	50	≤22.0	≤21.0	2.5
其他汽车	30	≤10.0	≤9.0	3.0

2．制动减速度要求

汽车、汽车列车在规定的制动减速度下急踩制动时充分发出的平均减速度及制动稳定性要求应符合表 4-3 的规定。对空载检验的充分发出的平均减速度有质疑时，可用满载检验充分发出的平均减速度进行。

表 4-3　制动减速度和制动稳定性要求

车辆类型	制动初速度/(km/h)	满载检验充分发出的平均减速度/(m/s^2)	空载检验充分发出的平均减速度/(m/s^2)	试验通道宽度/m
乘用车	50	≥5.9	≥6.2	2.5
总质量不大于 3500kg 的低速货车	30	≥5.2	≥5.6	2.5
其他总质量不大于 3500kg 的汽车	50	≥5.4	≥5.8	2.5
其他汽车	30	≥5.0	≥5.4	3.0

3. 应急制动性能要求

汽车在空载和满载状态下，按表 4-4 中初速度进行应急制动性能检验，应急制动性能应符合表 4-4 的要求。

表 4-4　应急制动性能要求

车辆类型	制动初速度/(km/h)	制动距离/m	充分发出的平均减速度/(m/s^2)	手操纵力	脚操纵力
乘用车	50	≤38.0	≥2.9	400	500
客车	30	≤18.0	≥2.5	600	700
其他汽车（三轮车除外）	30	≤20.0	≥2.2	600	700

4. 驻车制动性能要求

在空载状态下，驻车制动装置应能保证车辆在坡度为 20%（对总质量为整车整备质量的 1.2 倍以下的车辆为 15%），轮胎与路面间的附着系数不小于 0.7 的坡道上正反两个方向保持固定不动，其时间不少于 5min。检验时施加于操纵装置上的力为：手操纵时，乘用车应不大于 400N，其他机动车应不大于 600N；脚操纵时，乘用车应不大于 500N，其他机动车应不大于 700N。

5. 制动协调时间要求

制动协调时间是指急踩制动时，从脚接触制动踏板（或手触动制动手柄）时起至机动车减速度（或制动力）达到表 4-3 中规定的机动车充分发出的平均减速度（或表 4-1 中规定的制动力）的 75% 时所需的时间。

制动协调时间对液压制动的汽车应不大于 0.35s，对气压制动的汽车应不大于 0.60s，对汽车列车、铰接客车和铰接式无轨电车应不大于 0.80s。

工作任务单

学习情境4　汽车制动性能检测			
车辆型号：		车辆识别代码：	
班级：	姓名：	学号：	成绩：
日期：	指导教师签字：		

一、写出下列词语的英文翻译

制动力＿＿＿＿＿＿＿＿　时间＿＿＿＿＿＿＿＿

减速度＿＿＿＿＿＿＿＿　距离＿＿＿＿＿＿＿＿

二、完成汽车制动性能检测实训项目工作任务报告单

1．实训目的

(1) 熟悉汽车制动试验台的基本结构、工作原理。

(2) 掌握汽车制动性能的检测方法。

(3) 掌握汽车制动性能的检测标准。

2．实训设备及器材

3．实训内容及操作方法

(1) 汽车制动性能台试检测。

操作方法：

检测结果：

结果判定分析：

是否合格：

原因分析：

(2) 汽车制动性能道路试验。

检测方法：

检测结果：

结果判定分析：

是否合格：

原因分析：

三、回答下列问题

(1) 你所检测的车辆，制动器的结构有何特点？

(2) 在检测工作中应注意的问题有哪些？

学习情境5

汽车操纵稳定性能检测

学习目标：

通过本学习情境的学习，需要做到：

1）能够描述汽车的操纵稳定性能。

2）能够根据汽车悬架的工作情况分析汽车操纵稳定性能。

3）能够制订工作计划并完成汽车操纵稳定性的检测工作任务。

4）能对检测结果进行分析判定。

情境描述：

某客户驾车在高速公路直线行驶时发现车辆有跑偏现象，影响驾驶安全，随后到汽车4S店要求检查。依据客户反映的情况，售后服务经理要求你承接此项工作，做出工作计划和信息采集，并完成该车的检测工作任务。

咨询：

要完成上述工作，必须具备的知识和技能有：

1）汽车悬架的工作情况及其分析。

2）汽车四轮定位的原理。

3）汽车四轮定位及侧滑检测设备的结构、原理和检测方法。

4）国家相关的检测标准。

根据以上分析，汽车操纵稳定性检测的学习情境可通过实施以下三个工作任务来完成：

- 汽车操纵稳定性能分析。
- 汽车四轮定位检测。
- 汽车侧滑量检测。

工作任务1　汽车操纵稳定性能分析

【基础知识】

汽车的操纵稳定性能是指车辆在行驶过程中，汽车能够按照驾驶员给定方向行驶的能力及汽车自身具有抵抗改变其行驶方向的外界干扰的能力。

一、汽车正常行驶的稳定条件

1. 纵向稳定条件

行驶在纵向坡道上的车辆，当坡度逐渐增大到一定程度时驱动力将大于附着力而出现驱动车轮打滑，汽车无法上坡；随着坡度不断增加，前轮的地面法向反作用力也将不断减小，直至最终为0。此时汽车将失去操纵稳定性，将造成车辆纵向翻倒，图5-1所示为汽车等速上坡受力图。为保证汽车纵向稳定，上坡时应先出现驱动轮打滑，因而无法上坡，可以避免车辆产生纵翻，由此得到后轮驱动汽车的纵向稳定条件为

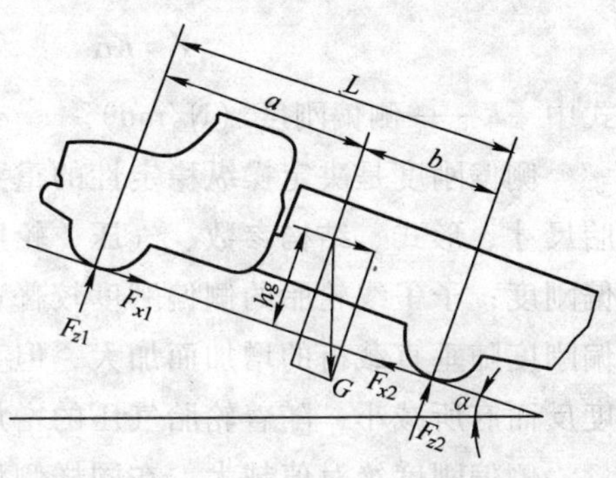

图5-1　汽车等速上坡受力图

$$\phi < \frac{b}{h_g} \tag{5-1}$$

对于采用前轮驱动的汽车，其纵向稳定条件为：$L>0$。

2. 侧向稳定条件

车辆在转弯行驶过程中，由于受到侧向力的作用，将使汽车发生较大的侧倾。当侧向反作用力达到附着极限时，车辆将产生侧滑；同时侧向力将引起左、右车轮地面法向反作用力的改变，当一侧车轮的地面法向反作用力为0时，车辆将侧翻。

图5-2所示为汽车在具有横向坡度β的弯道上等速行驶时的受力图。车辆在转弯时，随着车速的不断升高，离心力将逐渐变大，侧滑、侧翻的趋势都在增加，这些情况都是汽车行驶中应避免的现象，其中侧翻更加危险，因此得到汽车侧向稳定条件为

$$\beta < \frac{B}{2h_g} \tag{5-2}$$

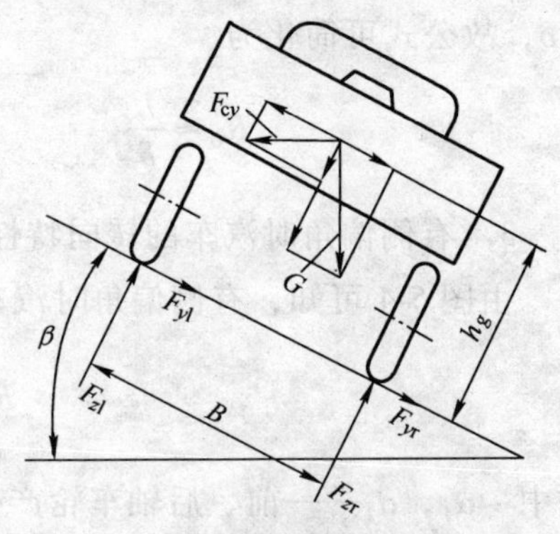

图5-2　汽车转弯等速受力图

式中，$\frac{B}{2h_g}$又称为汽车的侧向稳定性系数。

二、汽车的转向特性

1. 轮胎的侧偏特性

汽车在行驶中，由于某种原因（如路面的侧向倾斜、侧向风或曲线行驶的离心力等）受到侧向力的作用，相应地在地面上将产生地面侧向反作用力 Y，也称侧偏力。由于车轮具有侧向弹性，在侧向力作用下，车轮接触印迹的中心线与车轮平面中心线将成一夹角 α，此为侧偏角。这一现象称为弹性轮胎的侧偏现象。

试验发现，侧偏角与侧偏力之间存在一定关系，此关系曲线称为轮胎的侧偏特性，如图 5-3 所示。曲线表明，侧偏角不超过 3°~5°时，Y 与 α 成线性关系。汽车正常行驶时，侧偏角一般不超过 4°~5°，可以认为侧偏角与侧偏力成线性关系，即

$$Y = K\alpha \tag{5-3}$$

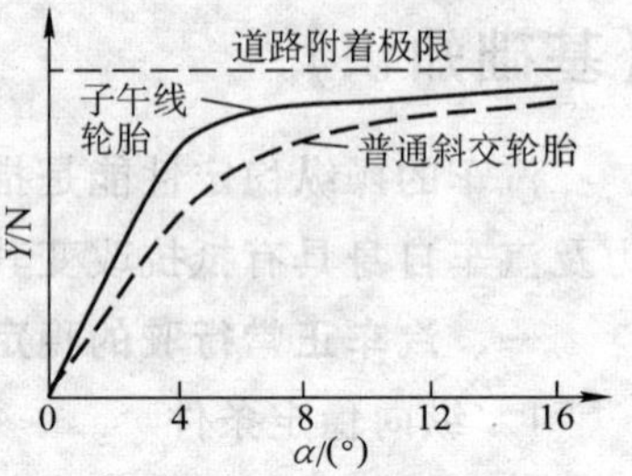

图 5-3　轮胎的侧偏特性

式中　K——侧偏刚度（N/rad）。

侧偏刚度是决定操纵稳定性的重要参数，其数值与轮胎尺寸、形式、结构参数、气压、轮胎上的垂直载荷等有关。尺寸较大的轮胎有较高的侧偏刚度；子午线轮胎的侧偏刚度较普通轮胎高；扁平率小的宽轮胎侧偏刚度大；轮胎的侧偏刚度随垂直载荷的增加而加大，但垂直载荷过大时，轮胎产生很大的径向变形，侧偏刚度反而有所减小；随着轮胎气压的增加，侧偏刚度增大，但气压过高后刚度不再变化。

侧偏刚度绝对值越大，在同样侧偏力作用下，产生的侧偏角越小，相应的操纵稳定性能越好。

2. 无侧偏角时汽车的转向特性

图 5-4 所示是汽车转向过程简图。δ 为前轮转角，根据图示，汽车的转向半径（从瞬时回转中心 O 至汽车纵轴线 AB 之间的距离）与前轮转角之间的关系为

$$R_0 = \frac{L}{\tan\delta} \tag{5-4}$$

式中　L——轴距（m）。

当 δ 不大时，若 δ 用 rad 表示，可认为 $\tan\delta \approx \delta$，故公式可简化为

$$R_0 \approx \frac{L}{\delta} \tag{5-5}$$

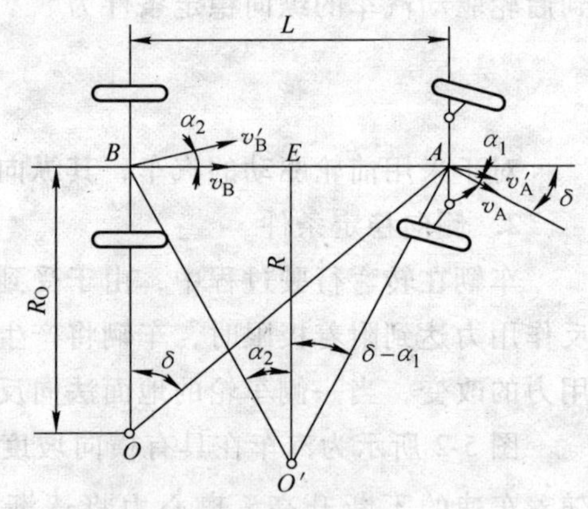

图 5-4　汽车转向简图

3. 有侧偏角时汽车的转向特性

由图 5-4 可知，有侧偏角时汽车的转向半径为

$$R = \frac{L}{\tan(\delta - \alpha_1) + \tan\alpha_2} \tag{5-6}$$

式中　α_1，α_2——前、后轴车轮产生的侧偏角。

当 δ 不大，α_1，α_2 也较小时，得

$$R \approx \frac{L}{\delta - (\alpha_1 - \alpha_2)} \tag{5-7}$$

4. 汽车的稳态转向特性

在前轮转角一定时，设车速很低且侧向加速度接近零时的转向半径为 R_0。而设在一定车速下有一定侧向加速度时的转向半径为 R，则这两个转向半径之比 R/R_0 将使前、后车轮侧偏角之间可能存在三种关系：

1）如果 $R/R_0 = 1$，称汽车具有中性转向性。

2）如果 $R/R_0 > 1$，称汽车具有不足转向性。

3）如果 $R/R_0 < 1$，称汽车具有过多转向性。

三、汽车悬架的工作情况

汽车悬架可分为独立悬架与非独立悬架。

1. 独立悬架

独立悬架是指每一个车轮能够独立与车身或同轴另一车轮之间作相对运动。独立悬架由减振器、传动半轴、下悬臂等零件组成，如图 5-5 所示。减振器上端与车身连接，下端与转向节通过螺栓固定，在汽车转向过程中随车轮一同转动。驱动半轴将变速器输出动力传给驱动前轮，横拉杆用来将转向力传给车轮。稳定杆可以防止汽车转弯时车身倾斜过大，独立悬架缓冲性能较好，一般安装在轿车上。

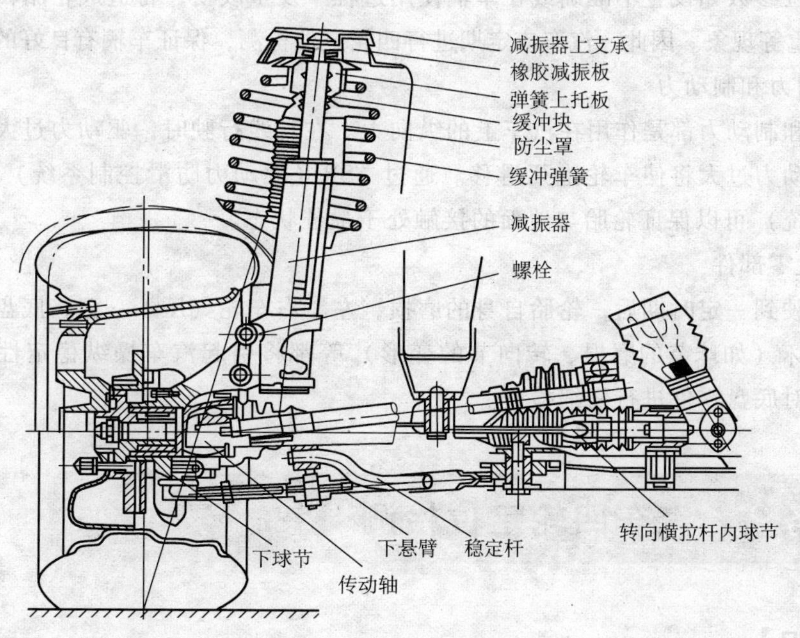

图 5-5　独立悬架

2. 非独立悬架

非独立悬架是指每个车轮不能独立与车身或同轴另一车轮之间不作相对运动的底盘装置，如图 5-6 所示。

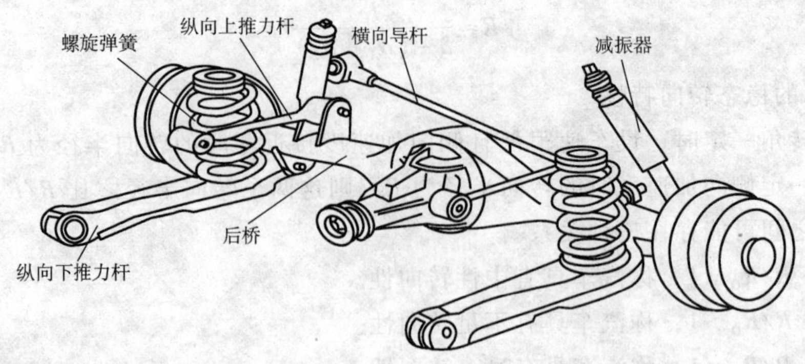

图 5-6　非独立悬架

四、影响汽车操纵稳定性能的主要因素

1．四轮定位

车辆前轮定位包括前轮前束、前轮外倾角、主销内倾角和主销后倾角，许多车辆除前轮定位外，后轮也有外倾角和前束，即四轮定位，可以用来提高车辆行驶操纵稳定性。

四轮定位参数的设置能够减轻驾驶员操纵方向盘的力矩，并使前轮在转弯后能自动回正，使汽车在转弯时具有较好的抗侧倾能力，提高了汽车的转向轻便和行驶稳定性。

四轮定位参数如设置不准确或在车辆使用过程中发生改变，将造成轮胎偏磨、行驶跑偏，转向沉重等现象。因此，汽车应定期进行四轮定位检测，保证车辆有良好的行驶状况。

2．驱动力和制动力

驱动力和制动力都是作用在汽车上的纵向力。在直线行驶时，驱动力过大将使驱动车轮打滑，制动力过大将使车轮抱死滑移。通过 ASR（驱动力防滑控制系统）和 ABS（防抱死制动系统）可以保证轮胎与地面的接触处于最佳状态。

3．底盘零部件

车辆行驶到一定时期后，轮胎自身的磨损，左、右车轮气压不一至，底盘悬架各零件的变形、损坏（如球节的磨损、转向节的变形）等都将引起汽车操纵稳定性能变坏，因此使用中应对底盘零件进行仔细检查。

工作任务 2　汽车四轮定位检测

【基础知识】

一、汽车四轮定位主要参数

1．主销内倾

在车辆前方观察两个前轮，其主销上端略向内倾斜的现象，（若车辆无主销则用减振器上支承中点与下球节中点之间的假想连线为主销轴线）称为主销内倾。在汽车横向铅垂面内，主销轴线与铅垂线之间的夹角 β 叫主销内倾角，如图 5-7 所示。

主销内倾的作用是使转向轮自动回正；使转向操纵轻便。

2．主销后倾

在前轮外侧观察，主销装在前轴上后，其上端略向后倾斜的现象，称为主销后倾。在纵向垂直平面内，主销轴线与垂线之间的夹角 γ 称为主销后倾角。如图 5-8 所示。

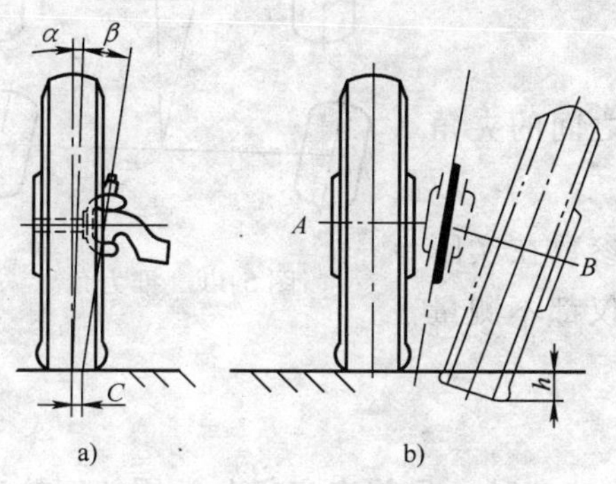

图 5-7 主销内倾

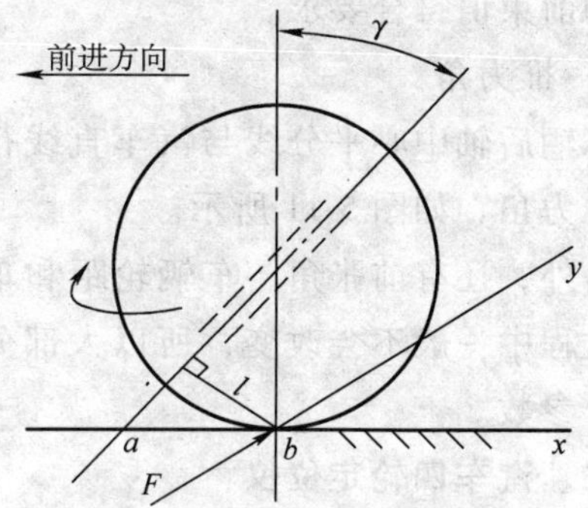

图 5-8 主销后倾

主销后倾的作用是保持汽车直线行驶的稳定性，并力图使转弯后的转向轮自动回正，使转向轻便。

3．前轮外倾

转向轮安装在车桥上时，其旋转平面上方略向外倾斜的现象，称为前轮外倾。车轮旋转平面与纵向垂直平面之间的夹角 α，称前轮外倾角，如图 5-9 所示。

前轮外倾的作用是提高前轮工作的稳定性和转向操纵轻便。α 大时，虽对安全性和操纵有利，但过大的 α 将使轮胎横向偏磨增加，油耗增多，所以一般 $\alpha \approx 1°$左右。有些汽车的前轮外倾角为负值。

前轮外倾和主销后倾一样一般不能调整其大小，但使用独立悬架者有的可以调整。

4．前轮前束

从汽车顶部垂直往下看（俯视），汽车两个前轮的旋转平面不平行，前端略向内束的现象，称为前轮前束。左右两前轮之间其后端距离 A 与前端距离 B 之差（A-B）称为前束值（前束角），如图 5-10 所示。

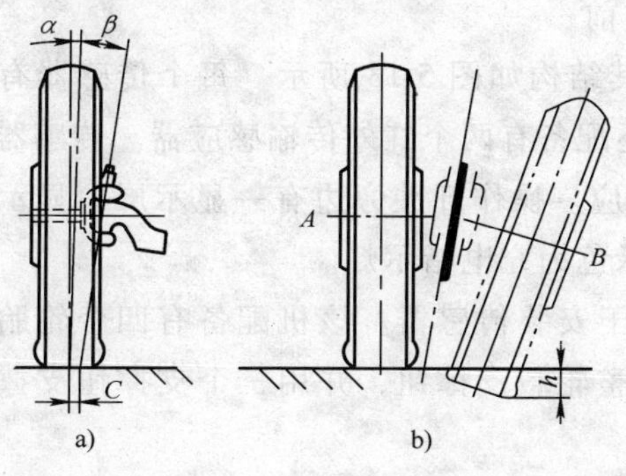

图 5-9 前轮外倾

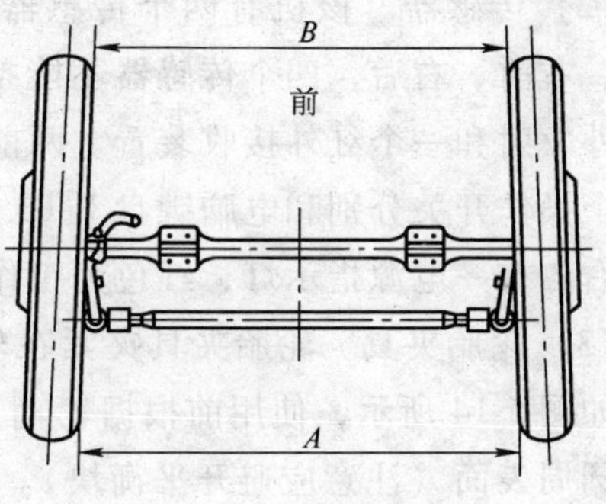

图 5-10 前轮前束

前轮前束的作用是减小或消除因前轮外倾所造成的不良后果（即减小轮胎偏磨及滚动阻力）。

如果前束过大或过小，轮胎偏磨会增加。前轮前束可通过改变转向横拉杆的长度来调整。一般汽车的前束值都小于8～10mm，检查调整时可根据规定的测量位置和测量方法使两轮的前束值符合要求。

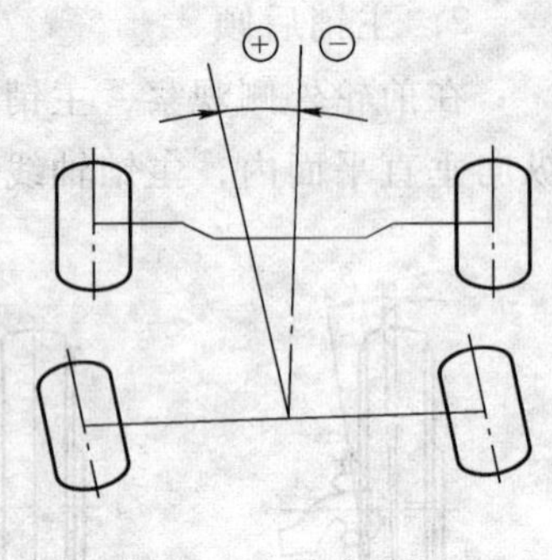

图 5-11　推力角

5．推力角

车辆后轴中心平分线与汽车直线行驶中心线之间的夹角称为推力角，如图 5-11 所示。

另外，还有前张角、车辆轮距和车辆轴距等参数在实际使用过程中一般不会改变，所以大部分四轮定位仪都不测量这几个参数。

二、汽车四轮定位仪

汽车四轮定位仪可分为拉线式、光学式、图像式三种，目前汽车行业常用的四轮定位仪主要采用光学式，检测方法主要有激光式、红外式和红外 CCD 式下面以战神 K—8880 电脑四轮定位仪为例进行介绍。

1．战神 K—8880 四轮定位仪结构

该四轮定位仪由主机、显示器、传感器、转盘、轮胎夹具、制动踏板撑杆、剪式举升机、转向盘固定架等组成。

(1) 主机　四轮定位仪主机如图 5-12 所示，由机箱、电脑主机、显示器、电源、数据线、打印机、数据接口等组成。机箱背部有电源总开关，机箱内安装有主控制板。

在电脑主机里安装有一套 K—8880 操作程序，用户打开电脑后，在桌面上找到 K—8880 的程序图标，点击进入即可按照电脑显示的步骤进行操作，该机为智能型机器，操作非常简单。

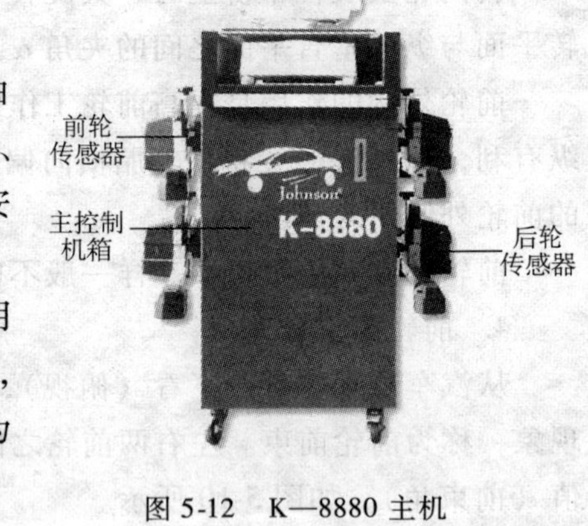

图 5-12　K—8880 主机

(2) 传感器　该机有四个传感器，分别为左前、左后、右前、右后，四个传感器不能换位安装，其结构如图 5-13 所示。每个传感器有一个红外发射和一个红外接收装置。两前轮传感器还配备有两个红外传输感应器。传感器上有 4 个操作开关分别和电脑键盘上 F1～F4 按键对应。操作开关旁边有一显示屏，显示屏左、右各有一电源指示灯，红色为工作指示灯，绿色为充电指示灯。

(3) 轮胎夹具　轮胎夹具夹紧在轮胎上，用于安装传感器。该机配备有四个轮胎夹具，如图 5-14 所示，使用前根据轮辋直径大小调整轮毂支撑钮，并用三个支撑钮支撑在轮辋圆周表面（注意应避开平衡块）。

(4) 转盘　K—8880 四轮定位仪配备有两个转盘，如图 5-15 所示。转盘置于剪式举

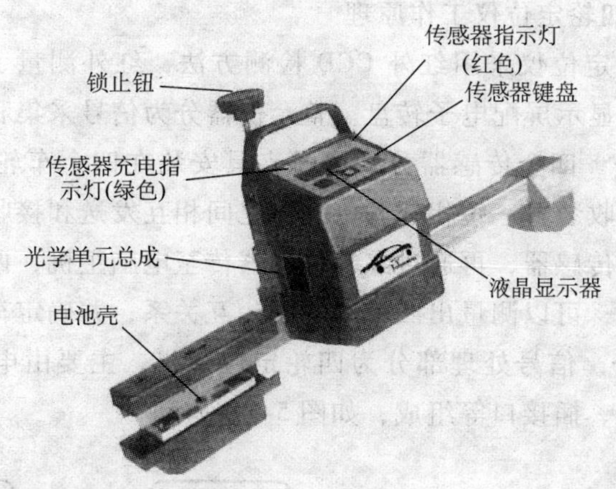

图 5-13　传感器

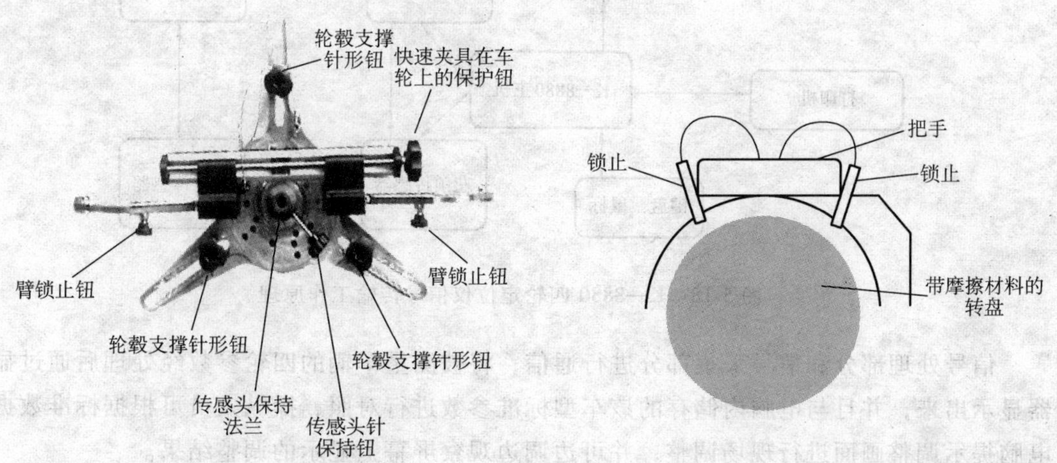

图 5-14　轮胎夹具

图 5-15　转盘

升机的前部，车辆驶上举升机时，前轮应停在转盘正中间，并拔掉锁止销。在四轮定位测试过程中转动转向盘时，转盘随车轮一起转动减小了转动力矩，转盘上黑色部分为摩擦材料，用来增大与车轮的摩擦力矩。

转盘在平时不用时，必须插上锁销，防止转盘损坏。

(5) 转向盘固定架和制动踏板固定撑杆　在四轮定位测试过程中，要求固定转向盘，并且使用制动撑杆制动汽车，其结构如图 5-16、图 5-17 所示。

图 5-16　制动踏板撑杆

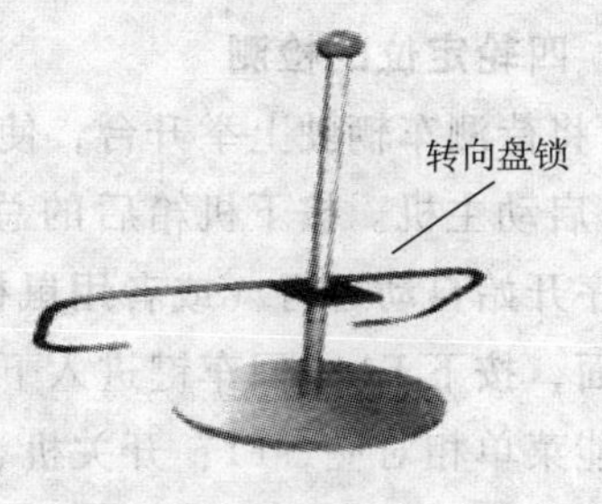

图 5-17　转向盘固定架

2. 战神 K—8880 四轮定位仪工作原理

战神 K—8880 四轮定位仪采用红外 CCD 检测方法，红外测量、传输 3D 动画调整提示，每个传感器带液晶显示屏配电子转盘。整套仪器分为信号采集和信号处理两大部分。

（1）信号采集部分　四个传感器分别通过夹具安装在四个车轮上，每个传感器上有一个红外发射和一个接收装置。每相邻两传感器之间相互发送和接收红外信号，两后轮传感器将信号发送到前轮传感器，再通过红外传输器传至电脑主机，四个传感器组成的红外光束形成了一个四边形，可以测量出四个车轮的相互关系，并确定车辆的定位参数。

（2）信号处理部分　信号处理部分为四轮定位主机，主要由电脑主机、显示器、电源部分、各信号连接线、插接口等组成，如图 5-18 所示。

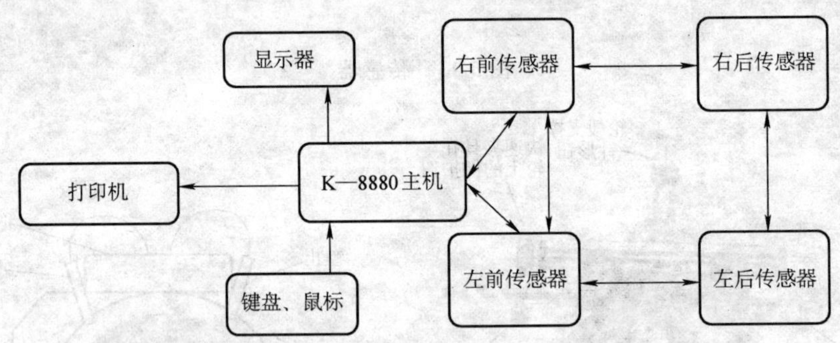

图 5-18　K—8880 四轮定位仪信号传输工作原理

信号处理部分和信号采集部分进行通信，将被测量车辆的四轮参数经处理后通过显示器显示出来，并且与电脑内储存的该车型标准参数进行对照，操纵人员可根据标准数据和电脑提示调整画面进行现场调整，并可边调边观察屏幕上显示的调整结果。

【任务实施】

一、检测前的准备

1）问询被检车辆行驶中的情况和出现的问题，是否做过四轮定位检测及检测情况。

2）检查轮胎磨损情况，定位前最好进行车轮平衡。

3）检查轮胎气压，使其符合要求。

4）检查车身高度，如车身不平应先调平，同时检查转向系统和悬架是否松旷，如松旷则应先紧固或更换零件。

二、四轮定位的检测

1）将待测车辆驶上举升台，使两前轮停在转盘正中间。

2）启动主机。按下机箱后的总电源按键及电脑主机电源，启动电脑。当电脑启动后，程序开始自动运行（或者用鼠标点击桌面上 K—8880 程序图标）将显示 K—8880 操作主界面，按下 F4 或回车键进入下一步。（注：键盘上 F1 ~ F4 分别与屏幕操作主界面上四个功能菜单相对应，F1：开关机、F2：设定、F3：资料查询、F4：下一步）

3）选择车型。用方向键选择汽车制造商，用 F4 键或回车键确定，用方向键选择车型及年款，F4 或回车键确定，用 F3 键更改钢圈尺寸，用 F2 键进入调整演示界面，按 F4 键或回车键进入下一步。

4）安装传感器。先安装好轮胎夹具，在其上安装好传感器，打开传感器电源，将两根电缆线插接在两个前传感器接线插座上，并将变速器置于 N 挡，松开驻车制动器，用升降机子机将汽车顶起，使所有车轮悬空，按键盘上的 F4 键或回车键进入下一步。

5）轮辋补偿。根据电脑提示，依次对各个车轮进行轮辋补偿，按 F4 键或回车键进入下一功能。

6）车身行驶状态恢复。拔下转盘上的固定销，降下汽车，用制动踏板专用撑杆压下并卡住制动踏板，用手摇动车身，使悬架恢复行车时正常工作状态。按 F4 键或回车键进入下一步。

7）调整传感器。根据电脑提示旋转转向盘，以确定汽车行驶几何中心线，依次将传感器调整水平后锁紧。

8）测量。根据电脑提示左、右旋转转向盘后回正，电脑将显示所测车辆定位参数，按 F4 或回车键进入下一步。

9）调整车辆。用转向盘固定夹固定转向盘，按 F4 键显示后轮调整界面，再按 F4 进入前轮调整界面，根据电脑提示对车辆可调整部位进行调整。调整完毕后进行复查。

10）打印并保存检测结果。

11）拆检仪器，进行路试，检查四轮定位调整的效果。

三、检测结果判定

国家标准 GB 7258—2012《机动车运行安全技术条件》对车轮定位的要求如下：汽车的车轮定位应符合该车有关技术条件，车轮定位值应在产品使用说明书中标明。

测试车型的四轮定位标准数据储存在四轮定位仪中，如不符合要求，将可调整部位调整至标准数据，对于不可调整的变形部位如转向节等，可用专用夹具对其变形部位进行恢复，如零件变形太大或严重损坏则更换零件总成。

工作任务 3　汽车侧滑量检测

【基础知识】

为保证汽车转向车轮无横向滑移的直线滚动，要求车轮外倾角和车轮前束值有适当的配合。当匹配不当时，车轮就可能在直线行驶过程中不作纯滚动而产生侧向滑移现象。当这种滑移过于严重时，将破坏车轮的附着条件，使车辆丧失定向行驶能力，引发交通事故，且造成轮胎异常磨损。因此，对汽车行驶时转向轮的侧滑量必须进行检测。

一、汽车侧滑的测量原理

现假定，把两个只有车轮前束而没有车轮外倾角的车轮，用一根可以自由伸缩的轴连接起来。当轮轴由 P 位置移动至 P' 位置时，由于前束的向内侧滚动作用，车轴长度缩短了。可是事实上的汽车前轴是不能自由伸缩的，从而迫使前轮向外侧滑，如图 5-19 所示。

如果如图 5-20 所示那样，将两个车轮分别放在可以左、右滑动的滑板上，前轴长度是不可以变的，则轮轴从 P 位置移动到 P' 位置时，使车轮侧滑的力带动滑板向外侧滑移，其滑移量和前轴侧滑量相等，由滑板滑移量可知车轮侧滑量。

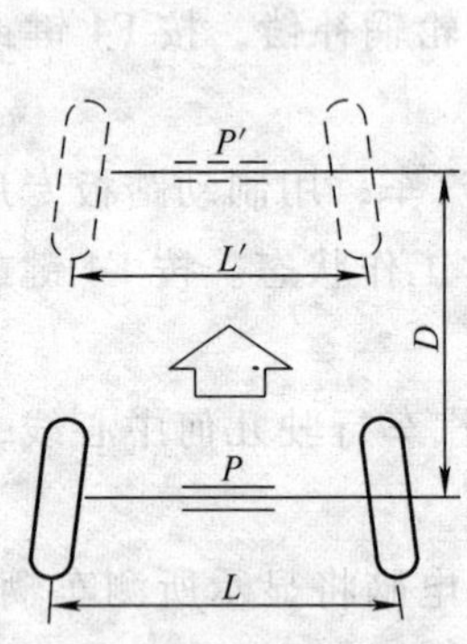

图 5-19　由前束引起的车轴缩短

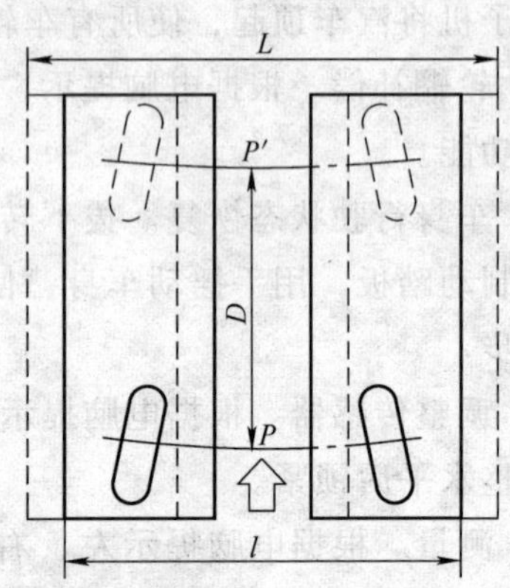

图 5-20　由前束引起的滑板侧滑

如果车轮只有外倾角而没有前束，则情况和上述相反。在实测汽车时，如前轮外倾角与前束作用不平衡，则滑板不是向内就是向外侧滑，根据侧滑量的大小，就可以确定前束的调整量，使之与外倾角平衡，从而消除侧滑量。侧滑试验台就是用上述原理来测量车轮侧滑的。

二、汽车侧滑试验台

侧滑试验台可分为机械式和电气式两种，目前在国内使用较多的为电气式单板侧滑台或双板联动侧滑台。

1. 双板联动式侧滑试验台

双板联动式侧滑试验台如图 5-21 所示，由机械部分、测量装置、信号指示装置等组成。

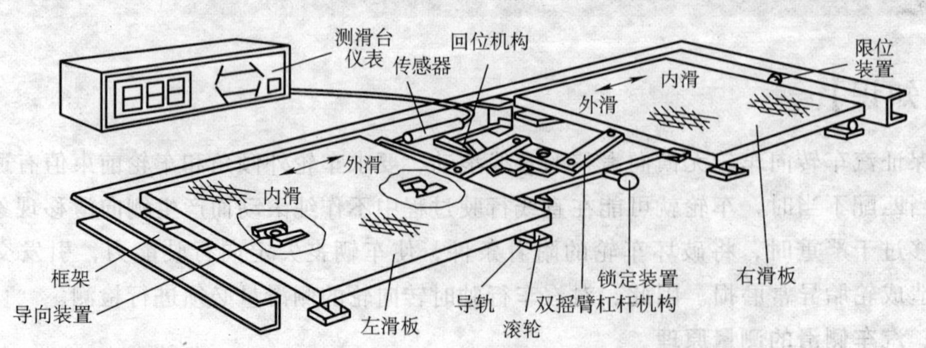

图 5-21　双板联动式侧滑试验台

（1）机械部分　包括左右滑动板、杠杆机构、回位装置、导向装置和限位装置。滑板有 500mm、800mm 和 1000mm 等三种，滑板越长测量精度越高。

滑板上开有防滑槽，滑板通过滚轮、导轨和两滑板间的杠杆进行左右等量的相对移动。

（2）测量装置　常见的测量装置有两种，一种是电位计式，一种是差动变压式。

电位计式测量装置如图 5-22 所示。当左右两滑板移动时，带动中间的传动装置摆动，从而引起触点与电位计之间发生相对运动，改变电阻值，使电压信号发生变化，经处理后再通过显示装置显示出来。

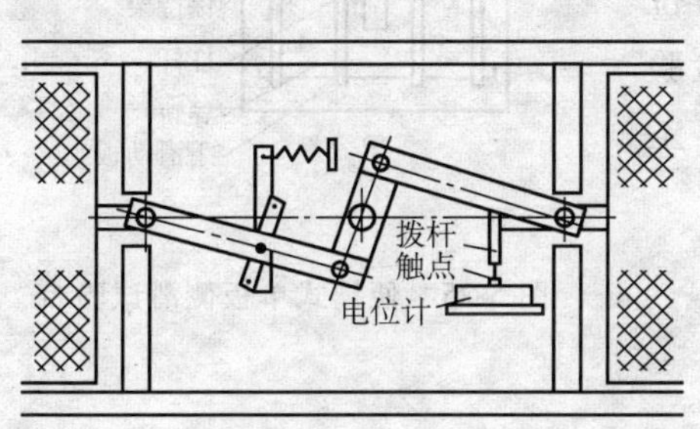

图 5-22　电位计测量装置

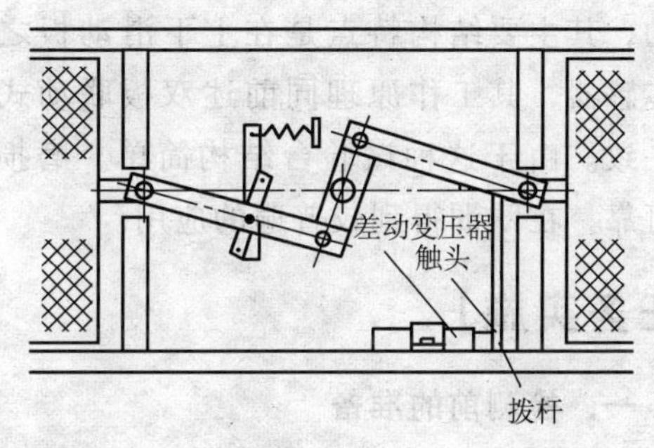

图 5-23　差动变压式测量装置

差动变压式测量装置如图 5-23 所示。当滑板移动时，通过机械装置带动拨杆和触头内的线圈移动，改变电路电压，将改变后的电压信号处理后通过指示装置将滑动板的位移量及大小和方向指示出来。

（3）信号指示装置　指示装置有指针式和数字式两种，指针式仪表如图 5-24 所示。该仪表把从侧滑量的检测部分传输来的滑板移动量，按汽车每行驶 1km 侧滑 1m 定为 1 格刻度，正前束和负前束能分别用 7 个以上的刻度表示。因此，当滑板长为 1000mm 时，用一个刻度表示侧滑板移动 1mm，滑板长度是 500mm 时，用一个刻度表示 0.5mm 的移动量。

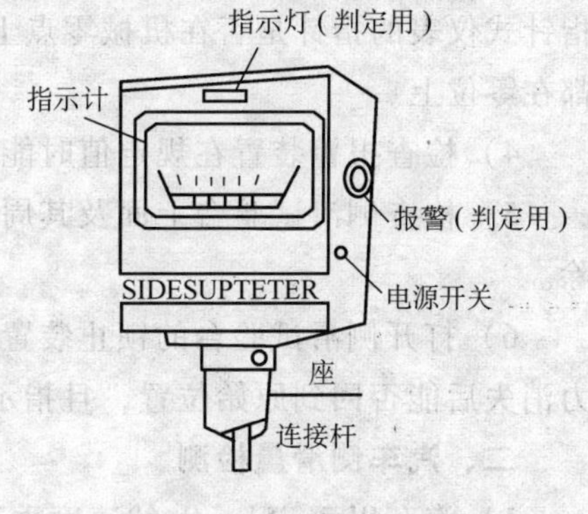

图 5-24　指针式仪表

指示装置的刻度板上除用数字及符号标明侧滑量的大小及方向外，还用不同的颜色把侧滑量划分为 3 个区间，即侧滑量 0～3m/km 范围涂为绿色，表示良好区域；侧滑量 3～5m/km 范围涂为黄色，表示准用区域；侧滑量 5～10m/km 范围涂为红色，表示不良区域，以引起注意，当指针到达这一区域时伴有蜂鸣声报警。

2. 单板式侧滑试验台

便携式单板测检验台结构如图 5-25 所示。在上下滑动板之间装有滚棒，从而可以使得上滑动板沿横向（左右方向）自由滑动，但纵向不能移动。当被测车轮从上滑动板通过时，车轮的侧滑通过轮胎与上滑动板间的附着作用传递给上滑动板，使上滑动板左右横向滑动，通过杠杆机械带动指针偏转，从而在刻度尺上显示出侧滑量的大小和方向。为了防止滚动棒滑出上下滑动板之外，在两极间设有滚棒保持架和导轨。当车轮通过上滑动板后，在回位弹簧的作用下，上滑动板重新回位。

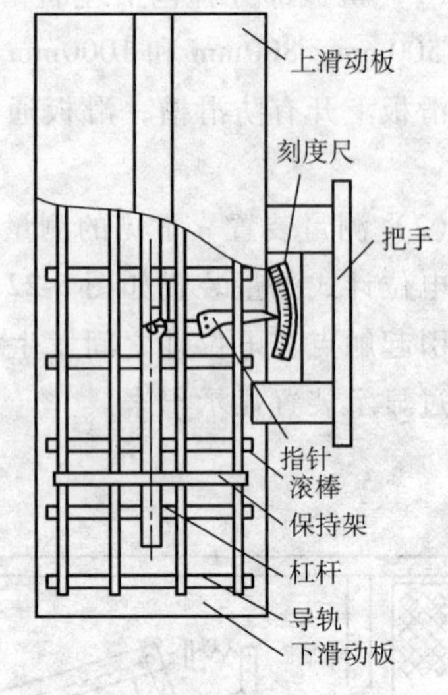

图 5-25　便携式单板侧滑试验台

另外一种单板式侧滑检验台是固定在地面中使用的，其主要结构特点是在上下滑动板之间装有位移传感器，其工作原理同前述双板联动式侧滑检验台一致。由于这种试验台结构简单。磨损件少、工作可靠，在欧洲得到较普遍的应用。

【任务实施】

一、检测前的准备

1）轮胎气压应符合汽车制造厂的规定。

2）轮胎上粘有油污、泥土、水或花纹沟槽内嵌有石子时，应清理干净。

3）检查侧滑试验台的导线连接情况，在导线连接良好的情况下打开电源开关，查看指针式仪表的指针是否在机械零点上，并视需要进行调整；或查看数码管亮度是否正常并都在零位上。

4）检查报警装置在规定值时能否发出报警信号，并视需要进行调整或修理。

5）检查侧滑试验台上面及其周围的清洁情况，如有油污、泥土、砂石及水等应予清除。

6）打开侧滑试验台的锁止装置，检查滑动板能否在外力作用下左、右滑动自如，外力消失后能否回到原始位置，且指示装置指在零点。

二、汽车侧滑量检测

1）汽车以 3～5km/h 的速度垂直侧滑板驶向侧滑试验台，使前轮（或后轮）平稳通过滑动板。

2）当前轮（或后轮）完全通过滑动板后，从指示装置上观察侧滑方向并读取、打印最大侧滑量。

3）检测结束后，切断电源并锁止滑动板。

三、检测结果判定

依据 GB 7528—2012《机动车运行安全技术条件》对车轮侧滑量的要求是：用侧滑试验台检验转向轮的横向侧滑量，其标准值为 ±5m/km。

工作任务单

学习情境5　汽车操纵稳定性能检测

车辆型号:		车辆识别代码:	
班级:	姓名:	学号:	成绩:
日期:	指导教师签字:		

一、写出下列词语的英文翻译

四轮定位________________　　侧滑________________

悬　　架________________　　操纵________________

二、完成车辆操纵稳定性检测实训项目工作任务报告单

1. 实训目的

(1) 熟悉汽车四轮定位仪和侧滑试验台的基本结构、工作原理。

(2) 掌握汽车四轮定位和侧滑量的检测方法。

(3) 掌握检测标准。

(4) 能对检测结果进行分析。

2. 实训设备及器材

____

____

____

3. 实训内容及操作方法

(1) 汽车四轮定位检测。

操作方法:______________________________

____

____

____

____

____

____

____

检测结果：

结果判定分析：

是否合格：

原因分析：

（2）汽车侧滑量检测。

操作方法：

检测结果：

结果判定分析：

是否合格：

原因分析：

三、回答下列问题

（1）四轮定位参数不准时，汽车会有何现象？

（2）汽车侧滑量的大小和方向反映了什么问题？

学习情境 6

汽车行驶平顺性能检测

学习目标：

通过本学习情境的学习，需要做到：

1）能够阐述汽车行驶平顺性的评价指标和评价方法。

2）能够分析影响汽车行驶平顺性的因素。

3）能够制订工作计划并完成汽车悬架装置的检测工作任务。

4）能对检测结果进行分析判定。

情境描述：

某客户到汽车4S店向维修服务顾问反映自己驾驶的轿车乘坐舒适性较差，怀疑车辆悬架部分有故障，要求检修。售后服务经理要求你承接此项工作，做出工作计划和信息采集，并完成该车悬架装置的检测工作。

咨询：

要完成上述工作，必须具备的知识和技能有：

1）汽车行驶平顺性的定义。

2）汽车行驶平顺性的评价。

3）影响汽车行驶平顺性的因素。

4）汽车悬架装置的检测方法。

5）国家相关的检测标准。

根据以上分析，汽车平顺性能检测的学习情境可通过实施以下两个工作任务来完成：

- 汽车行驶平顺性能分析。
- 汽车悬架装置检测。

工作任务 1　汽车行驶平顺性能分析

【基础知识】

汽车的行驶平顺性能主要是指保持汽车在行驶过程中产生的振动和冲击环境对乘员舒适性的影响在一定界限之内，以及保持货物完好的性能。因此汽车行驶平顺性能主要根据乘员主观感觉的舒适性来评价，也称乘坐舒适性。

汽车的行驶平顺性也是指汽车行驶时对不平路面的隔振特性。汽车是由包括车轮、悬架弹簧及弹性减振坐垫等具有固有振动特性的弹性元件所组成，这些弹性元件可缓和不平路面对汽车的冲击，使乘员舒适和减少货物损伤。但路面不平激起的振动达到一定程度时，会使乘员感到不适和疲劳或造成运载的货物损坏，车轮载荷的波动还影响地面与车轮间的附着性能，影响到汽车的操纵稳定性，同时振动还会影响汽车的使用寿命。

一、汽车行驶平顺性的评价标准

人体坐姿受振模型如图 6-1 所示，当前国际最新的车辆乘坐舒适性评价标准 ISO 2631—1: 1997（E）《人体承受全身振动评价——第一部分：一般要求》规定：舒适性评价时，考虑座椅支承处的 3 个线振动和 3 个角振动，靠背和脚支承处各 3 个线振动，共 12 个轴向振动。

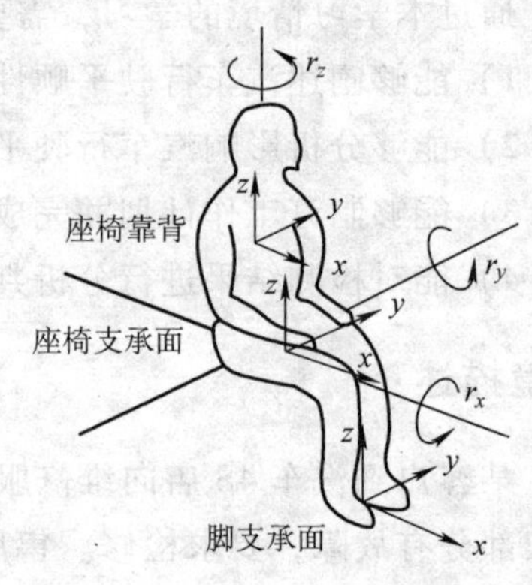

图 6-1　人体坐姿受振模型

我国也制定了相关标准 GB/T 4970—1996《汽车平顺性随机输入行驶试验方法》和 QC/T 474—1999《客车平顺性评价指标及限值》等对汽车行驶平顺性作出评价。

二、汽车行驶平顺性的评价方法

汽车行驶平顺性通常是根据人体对振动的生理反应及对保持货物完整性的影响制定评价方法，用振动的物理量，如频率、加速度、加速度变化率等作为其评价指标。

1. 国际通用标准

1974 年，国际标准化组织（ISO）在综合了大量有关人体全身振动研究成果的基础上，制定了国际标准 ISO 2631《人体承受全身振动评价指南》。该标准用加速度的均方根值给出的在 1～80Hz 振动频率范围内人体对振动反应的三个不同感觉界限：

（1）暴露极限　该界限常作为人体能够承受振动量的上限，当人体承受的振动强度在这个极限以下，能保持人的健康和安全。

（2）疲劳—降低工效界限 T_{FD}　该界限与保持工作效率有关，当驾驶员承受的振动强度在此界限之内时，能准确灵活地反应，不致太疲劳使工作效率降低。

（3）舒适降低界限 T_{CD}　该界限与保持舒适有关，在这个界限之内，人体对暴露的振动环境主观感觉良好，乘员能在车上进行吃、读、写等动作。

这三个感觉界限的振动允许值随频率的变化趋势完全相同，只是振动加速度的均方根允许值不同。“暴露极限”加速度均方根的允许值是“疲劳—降低工效界限”的两倍，“舒适降低界限”是“疲劳—降低工效界限”的1/3.15。

2．我国标准

我国参照 ISO 2631 制定了 GB/T 4970—1996《汽车平顺性随机输入行驶试验方法》用于测定汽车在随机不平路面上行驶时振动对乘员及货物的影响。该标准规定，以“疲劳—降低工效界限”和“舒适降低界限”作为人体承受振动能力的主要评价指标，以 T_{FD} 和 T_{CD} 与车速的关系曲线——车速特性来评价汽车的行驶平顺性。其中轿车和客车用“舒适降低界限”车速特性评价；货车用“疲劳—降低工效界限”车速特性评价。

3．用车身振动固有频率评价

试验表明，为保持汽车具有良好的行驶平顺性，车身振动固有频率应为人体所习惯的步行时身体上、下运动的频率，它约为（60～85）次/min，即1～1.6Hz。

三、影响汽车行驶平顺性的主要因素

影响汽车平顺性的主要因素有悬架结构、轮胎、悬架质量和非悬架质量等。

在研究振动时，常认为汽车由彼此相联系的悬架质量与非悬架质量所组成。如图6-2所示，汽车的悬架质量为 M，由车身、车架及其总成组成，通过质量中心 C 的转动惯量为 I_y，悬架通过减振器和弹簧与车轴、车轮相连；汽车的非悬架质量为 m，由车轮、车轴组成，再经过具有一定弹性和阻尼的轮胎支承在路面上。

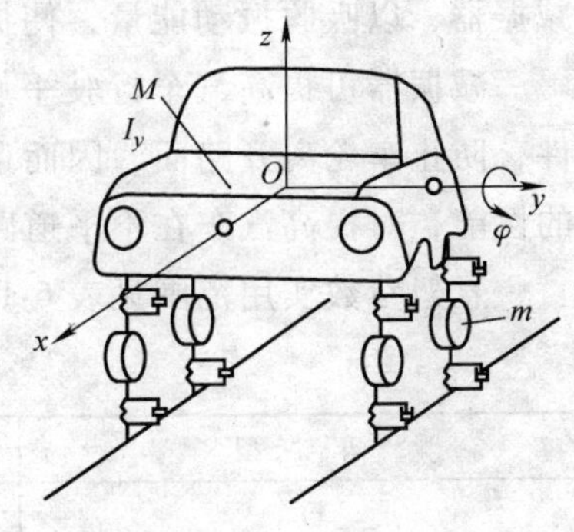

图6-2　四轮汽车的简化模型

1．悬挂结构

悬挂结构主要指弹性元件、导向装置与减振装置，其中弹性元件与悬架系统中阻尼影响较大。

（1）弹性元件　汽车振动的固有频率是衡量汽车平顺性的重要参数，它由悬架刚度和悬架弹簧支承的质量（簧载质量）所决定。固有频率按下式计算：

$$n=\frac{1}{2\pi}\sqrt{\frac{C}{M}}=\frac{1}{2\pi}\sqrt{\frac{g}{f}}$$

式中　g——重力加速度（m/s^2）；

f——悬架垂直变形，即挠度（mm）；

M——悬架簧载质量（kg）；

$C(=Mg/f)$——悬架刚度（N/mm）。

从固有频率公式可以看出，在悬架垂直载荷一定时，悬架刚度越小，固有频率就越低。固有频率越低，车身振动加速度均方根值越低，平顺性越好。为此，需要采用软弹簧及低的轮胎气压。但悬架刚度也不宜过小，否则会引起悬架下质量高频振动幅值加大，影响操纵稳定性；还会引起紧急制动时汽车“点头”现象严重，转弯时车身容易产生较大的侧倾角等不良现象。

从上式还看出，汽车振动的固有频率还与悬架簧载质量有关，对于载荷变化较大的公共汽车和载货汽车，为满足不同载荷对悬架刚度的不同需要，常采用非线性悬架，即变刚度悬架。载荷较小时，悬架刚度较小，以避免振动频率过高、平顺性变差；当载荷较大时，刚度急剧增大，使汽车的侧倾和纵向角振动减轻。

为避免出现“共振”，前后悬架的固有频率应避开激振频率。另外，由于来自路面的激振先作用于前轮，然后才作用到后轮，为减轻由此引起的纵向角振动，前悬架的固有频率应略低于后悬架，亦即前悬架刚度略低于后悬架。

（2）悬架阻尼　为了衰减车身自由振动和抑制车身、车轮的共振，以减小车身的垂直振动加速度和车轮的振幅，防止车轮跳离地面，悬架系统中应具有适当的阻尼。

悬架系统的阻尼主要来自减振器、钢板弹簧叶片之间的摩擦以及轮胎变形时橡胶分子间的摩擦，以钢板弹簧悬架系统的干摩擦最大，所以，有的汽车采用钢板弹簧悬架时，可以不装减振器，但阻尼力的数值很不稳定，钢板生锈后阻力过大，不易控制。而采用其他内摩擦很小的弹性元件（如单片钢板弹簧、螺旋弹簧、扭杆弹簧等）的悬架，必须使用减振器，以吸收振动能量，使振动迅速得到衰减。

减振器可提高汽车行驶平顺性，还可增加悬架的角刚度，改善车轮与道路的接触条件，防止车轮离开路面，因而可改善汽车的稳定性，提高汽车的行驶安全性。改进减振器的性能，对提高汽车在不平道路上的行驶速度有很大的作用。

悬架参数实用范围见表6-1。

表6-1　悬架参数实用范围

车　　型	固有频率/Hz	阻尼比
轿车	1.2～1.1	0.2～0.4
货车	2～1.5	
大客车	1.8～1.2	
越野汽车	2～1.3	

2. 轮胎

轮胎对行驶平顺性的影响取决于轮胎的径向刚度、轮胎的展平能力以及轮胎内摩擦所引起的阻尼作用。减少轮胎径向刚度，可使悬架换算刚度减小10%～15%。当汽车行驶于不平道路时，由于轮胎的弹性作用，轮胎位移曲线较道路断面轮廓要圆滑平整，其长度较道路坎坷不平处的实际长度大，而曲线的高度则较道路不平的实际高度小，即所谓的轮胎展平能力。它可使汽车在高频的共振振动减小。

但轮胎刚度过低，会增加车轮的侧向偏离，影响稳定性，同时，还使滚动阻力增加，轮胎寿命降低。

3. 簧载质量

簧载质量分为簧上质量与簧下质量两部分，由弹性元件承载的部分质量，如车身、车架及其他所有弹簧以上的部件和载荷属于簧上质量，也为悬架质量 M。车轮、非独立悬架的车轴等属于簧下质量，也叫非悬架质量 m。

一般来说，汽车的悬架质量越大，由于车身振动产生的低频和加速度越小，汽车行驶的平顺性越好。如果减小非悬架质量，可使车身振动频率降低，而车轮振动频率升高，这对减少共振、改善汽车的平顺性是有利的。非悬架质量对行驶平顺性的影响，常用非悬架质量与悬架质量之比 m/M 来评价，轿车的此比值一般在 10.5% ~14.5%，以小些为好。

4. 其他因素

座位的布置对平顺性有较大的影响。实际感受和试验表明：座位接近车身的中部，其振动最小。座位位置常由它与汽车质心间的距离来确定，用座位到汽车质心距离与汽车质心到前（后）轴的距离之比来评价座位的舒适性。该比值越小，车身振动对乘客的影响越小，所以轿车的座位均布置在前、后轴轴距之内。载货汽车和公共汽车，为了减小水平前、后方向的振幅，座位在高度方向上应尽量缩小与重心间的距离。

弹簧座椅刚度的选择要适当，防止因乘客在座位上的振动频率与车身的振动频率重合而发生共振。对于具有较硬悬架的汽车，可采用较软的坐垫；对于具有较软悬架的汽车，可采用较硬的坐垫。

乘坐舒适性在很大程度上还取决座位的结构、尺寸、布置方式和车身（载货汽车的驾驶室）的密封性、通风保暖、照明、隔声等效能，以及是否设有其他提高乘客舒适的设备，如钟表、收音机、烟灰盒、点烟器等。

总之，影响汽车行驶平顺性的因素很多，必须对各种结构参数进行综合分析，正确选择以提高汽车行驶的平顺性。

四、汽车行驶平顺性试验简介

评价汽车行驶平顺性的试验包括以下几个方面。

1. 汽车悬架系统的刚度、阻尼和惯性参数的测定

通过测定轮胎、悬架、坐垫的弹性特性，就是指载荷与变形的关系曲线，可以求出在规定载荷下轮胎、悬架、坐垫的刚度。由加、卸载曲线包围的面积，可确定这些元件的阻尼。另外，还要测量悬架质量、非悬架质量等振动惯性方面的参数。

2. 悬架系统部分固有频率和阻尼比的测定

将汽车前轮、后轮分别从一定高度抛下，记录车身和车轮质量的衰减振动曲线，得到车身质量振动周期和车轮质量振动周期，根据公式计算出各部分的固有频率。最后根据衰减率按公式求出各部分的阻尼比。

3. 汽车振动系统的频率响应函数的测定

在实际随机输入的路面上或在电液振动台上，给车轮 0.5 ~30Hz 的振动输入，记录车轴、车身、坐垫上各测点的振动响应，最后根据数据统计分析仪处理得到各环节的频率响应函数。

4. 在实际随机输入路面上的平顺性试验

按照 GB/T 4970—1996《汽车平顺性随机输入行驶试验方法》，以总加权加速度均方根值来评价。

5. 汽车驶过凸块的脉冲输入平顺性试验

汽车行驶时会遇到凸起和凹坑，尽管遇到的几率不大，但过大的冲击会严重地影响平顺性，按照 GB/ T 5902—1986《汽车平顺性脉冲输入行驶试验方法》，以加权加速度 4 次方和根值方法来评价。

工作任务 2　汽车悬架装置检测

【基础知识】

悬架装置是保证汽车平顺性的重要总成，路面作用于车轮上的垂直反力（支承力）、纵向反力（牵引力和制动力）和侧向反力以及这些力所造成的力矩都要通过悬架传递到车架（或承载式车身）上，以保证汽车的正常行驶。悬架装置的功能是缓冲由路面不平引起的振动和冲击，以保证汽车具有良好的平顺性，迅速衰减车身和车桥的振动，传递作用在车轮和车身之间的各种力和力矩，保证汽车行驶时必要的安全性和操纵稳定性。

汽车悬架装置是评价汽车平顺性的指标，是以人体所能承受的加速度均方根值来评价的，这种评价方法不适宜在用车的快速检测分析评价，因此在 20 世纪 80 年代国际上出现了悬架装置试验台，能快速检测又能综合评价汽车悬架装置的弹簧与减振器的匹配性能及品质。

一、汽车悬架装置试验台

目前悬架装置试验台，根据其结构形式可分为跌落式和谐振式两类。

1. 跌落式悬架装置试验台

跌落式悬架装置试验台测试开始时，先通过举升装置将汽车升起一定高度，然后突然松开支撑机构，车辆自由振动，可用测量装置测量车辆振幅，或者用压力传感器测量车轮对台面的冲击力，对压力波形进行分析，以此评价汽车悬架装置的性能。

2. 谐振式悬架装置试验台

谐振式悬架装置试验台如图 6-3 所示，通过电动机、偏心轮、储能飞轮、弹簧组成的激振器，迫使汽车悬架装置产生振动，在开机数秒后断开电动机电源，从而使储能飞轮产生扫频激振。由于电动机的频率比车轮固有频率高，因此，飞轮逐渐减速的扫频激振过程总可以扫到车轮固有频率处，从而使台面—汽车系统产生共振。测量此振动频率、振幅、输出振动波形曲线，经系统处理来评价汽车悬架装置性能。

由于谐振式悬架装置检测台性能稳定、数据可靠，因此广泛应用。

二、悬架装置工作性能的诊断标准

汽车行驶中车轮作用在道路上的接地力的变化可评价汽车悬架装置的品质和性能。车轮接地性指数可以衡量悬架装置的工作性能。车轮接地性指数是指汽车行驶中车轮与路面间最小法向作用力与其法向静载荷的比值，即代表了车轮与路面间的最小相对动载荷。车轮接地性指数代表了悬架装置在汽车行驶中确保车轮与路面相接触的最小能力，它也解释

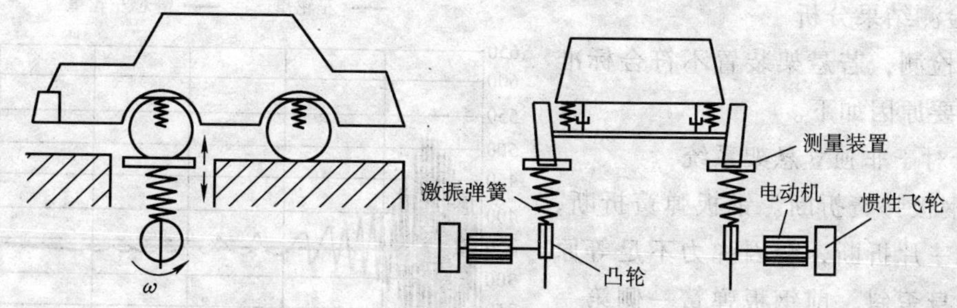

图 6-3　谐振式悬架试验台结构原理图

了悬架共振时车轮接地性的优劣。

欧洲减振器协会推荐的评价车轮接地性的参考标准见表 6-2，表中指数是在悬架装置检测台台面激振振幅为 6mm 时测得的，适用于大多数汽车，非常轻的小轿车和微型车例外。

表 6-2　车轮接地性参考标准

车轮接地性指数（%）	车轮接地状态
80～100	很好
60～79	好
40～59	足够
1～39	弱、不好
0	车轮与地面脱离

【任务实施】

GB 18565—2001《营运车辆综合性能要求和检验方法》规定对于最大设计车速大于或等于 100km/h、轴载质量小于或等于 1500kg 的载客汽车，应按规定进行悬架特性检测。

一、汽车悬架装置检测

以谐振式悬架装置试验台为例说明检测程序。

1）汽车轮胎规格、气压应符合规定值，车辆空载，不乘人（含驾驶员）。

2）将车辆受检轴车轮驶上悬架装置试验台，使轮胎位于台面的中央位置。

3）起动试验台，使激振器迫使汽车悬架产生振动，使振动频率超过振荡的共振频率。

4）电动机转速稳定后切断电动机电源，振动频率逐渐降低，并将通过共振点。

5）记录衰减振动曲线，纵坐标为动态轮荷，横坐标为时间。测量共振时动态轮荷。计算并显示共振时的最小动态车轮垂直载荷与静态车轮垂直载荷的百分比值及其同轴左右轮百分比的差值。衰减振动曲线如图 6-4 所示。

二、检测结果判定

1. 检测标准

GB 18565—2001 规定，用悬架检测台检测时受检车辆的车轮在受外界激励振动下测得的吸收率（被测汽车共振时的最小动态车轮垂直载荷与静态车轮垂直载荷的百分比值）不得小于 40%，同轴左右吸收率之差不得大于 15%。

2．检测结果分析

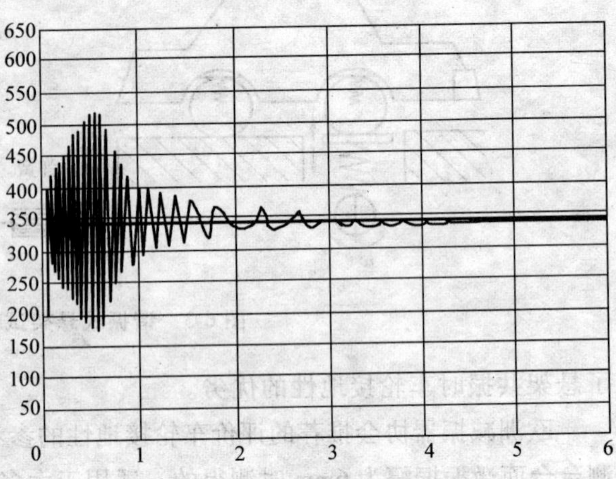

图 6-4 衰减振动曲线图

经过检测，若悬架装置不符合标准要求，主要原因如下。

（1）对于非独立悬架系统

1）钢板弹簧折断。钢板弹簧折断，尤其是第一片折断，会因弹力不足等原因，使车身歪斜。前钢板弹簧一侧第一片折断时，车身在横向平面内歪斜；后钢板弹簧一侧第一片折断时，车身在纵向平面内歪斜。

2）钢板弹簧弹力过小或刚度不一致。当某一侧的钢板弹簧由于疲劳导致弹力下降，或者更换的钢板弹簧与原弹簧刚度不一致时，会使车身歪斜。

3）钢板弹簧销、衬套和吊耳磨损过甚。

4）螺栓松动或折断（或钢板弹簧第一片折断）时，会由于车辆移位歪斜，导致汽车跑偏。

（2）对于独立悬架系统　独立悬架系统主要由螺旋弹簧、上下摆臂、横向稳定杆及减振器等组成，该系统的铰接点多，对于独立悬挂的汽车，车轮接地性能状态差的原因如下：

1）螺旋弹簧弹力不足。

2）稳定杆变形。

3）上、下摆臂变形。

4）各铰接点磨损、松旷。

5）减振器失效。

三、谐振式悬架装置试验台使用注意事项

1）超出试验台额定载荷的汽车，禁止驶上悬架台。

2）不要在悬架台上停放车辆和堆积杂物，严禁做空载试验。

3）不要让脏的车辆直接检测，特别是轮胎和底盘部分粘有较多泥土的情况。应首先清洗并待滴水较少时进行检测。

4）雨天检测前必须为车辆除水，滴水较少时才能检测。

5）严禁悬架台中进水，保持传感器干燥，以保证传感器正常工作。

6）为保证测试精度，传感器必须预热 30min。

四、谐振式悬架装置检测台维护与保养

1）使用 3 个月，拆开面板检查设备上的所有螺栓、螺母包括电气接线端子的螺栓，是否有松动现象并加固。

2）使用 6 个月，除进行第 1 项的工作外，还需对台架内各部位进行清洁同时检查线路固定是否牢固；对轴承座进行润滑。

3）应按国标进行定期检定（两次检定最长间隔不得超过 12 个月）。

工作任务单

学习情境 6　汽车行驶平顺性能检测

<table>
<tr><td colspan="2">车辆型号：</td><td colspan="2">车辆识别代码：</td></tr>
<tr><td>姓名：</td><td>班级：</td><td>学号：</td><td rowspan="2">成绩：</td></tr>
<tr><td>日期：</td><td colspan="2">指导教师签字：</td></tr>
</table>

一、写出下列词语的英文翻译

平顺性________________　　悬架________________

振　动________________　　刚度________________

二、完成汽车悬架装置检测实训项目工作任务报告单

1．实训目的

（1）熟悉汽车悬架试验台的基本结构、工作原理。

（2）掌握汽车悬架装置的检测方法。

（3）掌握检测标准并作出评价。

2．实训设备及器材

____

____

____

3．实训内容及操作方法

____

____

____

____

____

____

____

____

____

____

4．结果分析

（1）国家相关的检测标准。

标准代码：

标准内容：

（2）检测结果。

（3）结果判定分析。

是否合格：

原因分析：

三、回答下列问题

（1）对所检测的车辆，阐述汽车悬架的结构有何特点。

（2）有哪些提高汽车平顺性的方法？

（3）在检测工作中应注意的问题有哪些？

学习情境 7

汽车通过性能检测

学习目标：

通过本学习情境的学习，需要做到：

1）能够阐述汽车通过性能的定义，并能描述其评价指标。

2）能够分析影响汽车通过性能的因素。

3）能够制订工作计划并完成越野汽车和轿车的通过性几何参数的测定工作任务。

4）能对检测结果进行分析判定。

情境描述：

在车展上，一位客户由于经常要到工地去检查工作，想购置一辆爱车作为交通工具，他对某款越野车十分喜爱，对一款同价位的轿车也很钟情，想要了解每款车型的性能和参数。营销经理要求你接待这位客户，完成车型的介绍和对比。

咨询：

要完成上述工作，必须具备的知识和技能有：

1）汽车各使用性能的评价方法。

2）汽车通过性的定义和评价指标。

3）影响汽车通过性能的因素。

4）汽车通过性几何参数的测定方法。

5）国家相关的检测标准。

根据以上分析，汽车通过性能检测的学习情境可通过实施以下两个工作任务来完成：

- 汽车通过性能分析。
- 汽车通过性几何参数的测定。

工作任务 1　汽车通过性能分析

【基础知识】

通过性能是指汽车能以足够高的平均车速通过各种坏路及无路地带以及克服各种障碍的能力，也称越野性能。坏路及无路地带是指松软土壤、沙漠、雪地、沼泽等松软地面及坎坷不平地段；各种障碍是指陡坡、侧坡、台阶、壕沟等。

汽车通过性能的好坏主要取决于两方面的支持——支承通过性能与几何通过性能。支承通过性能代表车辆通过坏路和崎岖路面时的速度能力，主要取决于发动机的动力以及牵引力；而几何通过性能则代表了车辆通过各种障碍物时的物理能力，主要取决于车辆的设计结构和几何参数。

一、几何通过性

1．间隙失效

汽车越野行驶时，由于与不规则地面的间隙不足，可能出现汽车被地面托住而无法通过的现象，这种现象称为间隙失效。间隙失效有以下几种形式：

（1）顶起失效　因车辆中间底部的零部件碰到地面而被顶住使汽车不能通过。

（2）触头失效　因车辆前端触及地面而使汽车不能通过。

（3）托尾失效　因车辆后端触及地面而使汽车不能通过。

2．汽车通过性能的几何参数

汽车通过性能的几何参数是与防止间隙失效有关的汽车本身的几何参数，如图 7-1 所示。

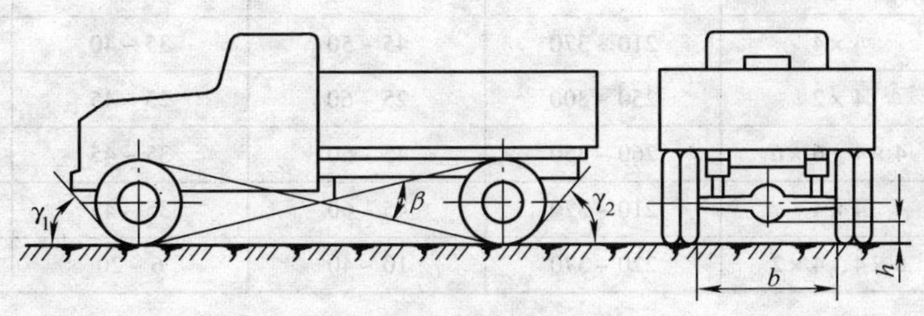

图 7-1　汽车通过性能的几何参数

（1）最小离地间隙 h　最小离地间隙是指汽车除车轮外最低点与路面之间的距离，用 h 表示。它表征了汽车无碰撞地越过石块、树桩等低矮障碍物的能力。汽车的前桥、飞轮壳、变速器壳、消声器以及主传动器外壳等通常有较小的离地间隙。汽车前桥（轴）的离地间隙一般比飞轮壳的还要小，以便利用前桥保护较弱的飞轮壳免受冲撞。后桥内装有直径较大的主传动齿轮，一般离地间隙最小，越野汽车一般有较大的最小离地间隙。

（2）接近角 γ_1 和离去角 γ_2　接近角是指从汽车前端突出点向前轮引切线，该切线与路面的夹角，用 γ_1 表示。离去角是指从汽车后端突出点向后轮引切线，该切线与路面的夹角，用 γ_2 表示。接近角和离去角表征了汽车接近或离开障碍物（如地面凸起物、沟洼地等）时不发生碰撞的能力。接近角和离去角越大，则汽车通过性就越好。

（3）纵向通过角 β　纵向通过角是指在汽车空载、静止时，分别通过前、后车轮外缘做切线交于车体下部较低部位所形成的最小锐角，用 β 表示。纵向通过角表征了汽车可无碰撞地通过小丘、拱桥等障碍物的轮廓尺寸。纵向通过角越大，汽车的通过性越好。汽车在通过起伏不平的路面、拱桥或渡船时，有时地面的凸起物会使汽车的底部托住，使汽车不能通过。这就表明汽车的纵向通过性能不好。

（4）最小转弯半径 R_H 和内轮差 d　如图 7-2 所示，最小转弯半径是指转向盘转到极限位置，作转弯行驶，前外轮印迹中心至转向中心的距离，用 R_H 表示。内轮差是指前内轮轨迹和后内轮轨迹的半径之差，用 d 表示。最小转弯半径和内轮差表示车辆在最小面积内的回转能力和通过狭窄弯曲地带或绕过障碍物的能力。

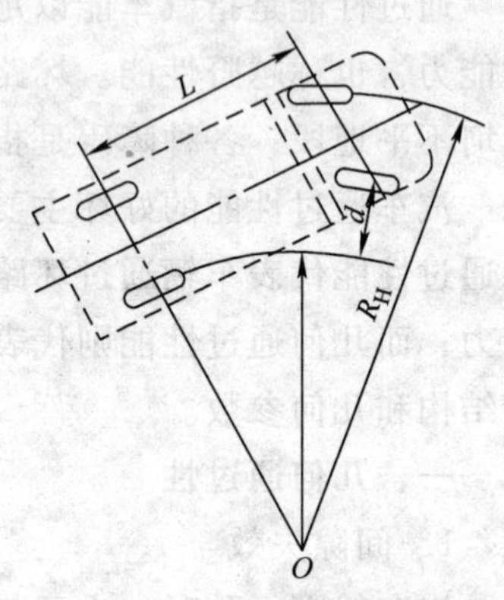

图 7-2　最小转弯半径和内轮差

（5）车轮半径 r　车轮半径是指车轮中心到地面的距离，用 r 表示。车轮半径与汽车越过壕沟的宽度和越过台阶的能力有关。

汽车通过性能的部分几何参数见表 7-1。

表 7-1　汽车通过性能的几何参数

汽车类型	驱动形式	最小离地间隙/mm	接近角/°	离去角/°	最小转弯直径/m
轿车	4×2	120~200	20~30	15~22	14~26
	4×4	210~370	45~50	35~40	20~30
货车	4×2	250~300	25~60	25~45	16~28
	4×4、6×6	260~350	45~60	35~45	22~42
越野车（乘用）	4×4	210~370	45~60	35~45	20~30
客车	6×4、4×2	220~370	10~40	6~20	28~44

二、支承通过性

汽车通过性能的支承牵引参数有以下几种。

1. 附着质量和附着质量系数

附着质量是指轮式车辆驱动轴载质量，用 m_μ 表示。附着质量系数是指车辆附着质量与总质量 m_α 之比，用 K_μ 表示。

附着质量和附着质量系数大，有利于汽车在坏路面上行驶，丧失通过性能的可能性小。

2. 车轮接地比压

车轮接地比压是指车轮对地面的单位压力。车辆在松软地面上行驶的滚动阻力系数和附着系数都与车轮接地比压直接有关。车轮接地比压小，轮辙深度小，车轮的行驶阻力和车轮沉陷失效的概率就小。同样，当汽车行驶在粘性土壤和松软雪地上时，降低车轮接地比压可使得车轮接地面积增加，提高地面承受的剪切力，使车轮不易打滑。

车轮接地比压 p 与轮胎气压 p_w 有关，车轮在硬路面上承受额定载荷时，其关系式为

$$p = k_w p_w$$

式中 $k_w = (1.05 \sim 1.2)$，其大小取决于轮胎刚度的大小，帘布层多的轮胎 k_w 值较大。

三、汽车通过性能的影响因素

1. 汽车的最大单位驱动力

由于汽车越野行驶的阻力很大，为了充分利用地面提供的挂钩牵引力，保证汽车通过性能，除了减少行驶阻力外，还必须增加汽车的最大单位驱动力。汽车的最大单位驱动力为

$$\frac{F_{tmax}}{G} = \frac{T_{tq} i_g i_0 i'_r \eta_T}{Gr}$$

式中 i'_r——分动器传动比。

实际上，在汽车低速行驶时，若忽略空气阻力，最大单位驱动力等于最大动力因数。为了获得足够大的单位驱动力，要求越野汽车有较大的比功率以及较大的传动比。这些要求可通过提高发动机功率，在传动系中增加副变速器或使分动器具有低挡，以增加传动系的总传动比来实现。在困难的行驶条件下，限制越野汽车的额定载质量能提高单位驱动力，同时也能降低在松软地面上的滚动阻力。

2. 汽车行驶速度

当汽车低速行驶时，土壤剪切和车轮滑转的倾向减少。因此，用低速行驶克服困难地段，可改善汽车的通过性。为此，越野汽车传动系最大总传动比一般较大。越野汽车最低稳定车速可按表 7-2 选取，其值随汽车总质量而定。也可由发动机的最低稳定转速求得汽车的最低稳定行驶速度 v_{amin}，即

$$v_{amin} = 0.377 \frac{n_{emin} r}{i_g i_0 i'_r}$$

式中 n_{emin}——发动机的最低稳定转速（r/min）。

表 7-2 越野汽车的最低稳定车速

汽车总质量/kN	<19.6	<63.7	<78.4	>78.4
最低稳定车速/km/h	≤5	≤2～3	≤1.5～2.5	≤0.5～1

3. 汽车车轮

车轮对汽车通过性有着决定性的影响，为了提高汽车的通过性，必须正确选择轮胎的

花纹尺寸、结构参数、气压等，使汽车行驶滚动阻力较小，附着能力较大。

(1) 轮胎花纹　轮胎花纹对附着系数有很大影响。正确地选择轮胎花纹，对提高汽车在一定类型地面上的通过性能有很大作用。越野汽车的轮胎具有宽而深的花纹。当汽车在湿路面上行驶时，由于只有花纹的凸起部分与地面接触，使轮胎对地面有较高的单位压力，足以挤出水层。而汽车在松软地面上行驶时，因轮胎下陷而嵌入土壤的花纹凸起数目增加，与地面的接触面积及土壤剪切面积都迅速增加。因而能保证有较好的附着性能。越野轮胎花纹的形状应具有脱掉自身泥泞的性能。

在表面滑溜泥泞而底层坚实的道路上，提高通过性的最简单办法是在轮胎套上防滑链(或使用带防滑钉的轮胎)，它相当在轮胎上增加了一层高而稀的花纹。防滑链能挤出表面的水层，直接与地面坚硬部分接触，有的还会增加土壤剪切面积，从而提高附着能力。

(2) 轮胎直径与宽度　增大轮胎直径和宽度都能降低轮胎的接地比压。用增加车轮直径的方法来减小接地比压，增加接触面积以减少土壤阻力和减少滑转，要比增加车轮宽度更为有效。但增大轮胎直径会使惯性增大，汽车质心升高，轮胎成本增加，并要采用大传动比的传动系。因此，大直径轮胎的推广使用受到了限制。

加大轮胎宽度不仅直接降低了轮胎的接地比压，而且因轮胎较宽，允许胎体有较大的变形，而不会降低其使用寿命，因而可使轮胎气压取得低些。若将后轮的双胎换为一个断面比普通轮胎大 2～2.5 倍、气压很低（29.4～83.3kPa）、断面具有拱形的“拱形轮胎”时，接地面积将增大 1.5～3 倍以上，则可大幅度地减小接地比压，使汽车在沙漠、雪地、沼泽地面上行驶时，具有特别良好的通过性。但这种专用于松软地面的特种轮胎，花纹较大，气压过低，不应在硬路面上工作，否则会过早损坏和迅速磨损。

(3) 轮胎的气压　在松软地面上行驶的汽车，应相应降低轮胎气压，以增大轮胎与地面的接触面积，降低接地比压，从而减小轮胎在松软地面的沉陷量及滚动阻力，提高土壤推力。轮胎气压降低时，虽然土壤的压实阻力减小，但却使轮胎本身的迟滞损失增加。所以，在一定的地面上有一个最小地面阻力的轮胎气压。实际上，轮胎气压应比该气压略高 19.2～29.4kPa。此时，地面阻力虽稍有增加，但由于在潮湿地面上的附着系数将较大的提高，从而可改善汽车的通过性。

为了提高越野汽车通过松软地面的能力，而在硬路面上行驶时又不致引起大的滚动阻力和影响轮胎寿命，可装用轮胎中央充气系统，使驾驶员能根据道路情况，随时调节轮胎气压。通常，越野汽车的超低压轮胎气压可以在 49～343kPa 范围内变化。

在低压条件下工作的超低压越野轮胎，其帘布层数较少，因而具有薄而坚固、又富有弹性的胎体，以减少由于轮胎变形引起的迟滞损失，并保证其使用寿命。

4. 前轮距与后轮距

当汽车在松软地面上行驶时，各车轮都需克服滚动的阻力。如果汽车前轮距与后轮距相等，并有相同的轮胎宽度，则前轮辙与后轮辙重合，后轮就可沿被前轮压实的轮辙行驶，使汽车总滚动阻力减小，提高汽车通过性。所以，多数越野汽车的前轮距与后轮距相等。

5. 从动车轮和驱动车轮

在越野行驶中，常以很低的车速去克服某些障碍物，如台阶、壕沟等。前驱动汽车上坡的通过性最差，全轮驱动车辆爬坡能力最大。此外，增加汽车驱动轮数，还可提高汽车附着质量，增加驱动轮与松软地面的接触面积，是改善汽车通过性的最有效方法。因此，越野汽车都采用全轮驱动。

6. 液力传动

当汽车装有液力变矩器或液力耦合器时，能提高发动机工作的稳定性，使汽车可以长时间稳定地以低速（0.5～1.5km/h）行驶，从而可减小滚动阻力和提高附着力，改善汽车通过性。装有普通机械式传动系的汽车在突然起动时，驱动轮转矩急剧上升，并产生对土壤起破坏作用的振动。即使在缓慢起步时，驱动转矩也比滚动阻力矩大得多。在松软地面上起步时，这种过大的驱动转矩并不能使汽车得到较大的加速度，相反地却使土壤被破坏，轮辙加深，起步困难；而液力传动能保证驱动轮转矩逐渐而平顺地增长，从而防止土壤被破坏和车轮滑移。

液力传动还能消除机械式传动系经常发生的扭振现象。这种扭振现象会引起驱动力产生周期性冲击，减少土壤颗粒间的摩擦，增加了轮辙深度，并减少轮胎与土壤间的附着力，因而使车轮滑转的可能性大为增加。转矩脉动所引起的土壤内摩擦力的减小，还会使汽车前轮所造成的轮辙立即展平，使后轮滚动阻力增加。

装有普通机械传动系的汽车，在松软地面行驶时，由于车速低，汽车惯性不足以克服较大的行驶阻力，致使换挡时，因切断功率而停车。采用液力传动即可消除因换挡所引起的功率传递间断现象，使汽车通过性有显著提高。

7. 差速器

为了保证各驱动车轮能以不同的角度旋转，在传动系中装有差速器。但普通齿轮差速器由于具有使驱动车轮之间转矩平均分配的特性，当某一侧驱动车轮陷入泥泞或冰雪路面上时，得到较小的附着力，则与之对应的另一侧驱动车轮也只能以同样小的附着力限制其驱动力。为了避免这种情况的发生，某些越野汽车上装有差速锁，以便必要时能锁止差速器。此时汽车可能得到的驱动力为处于良好路面上的轮胎所得到的地面附着力。

但在实际道路条件下，各驱动车轮上的附着力差别很小，汽车总驱动力的增加一般不超过20%～25%。而且长时间使用差速锁会使半轴过载引起功率循环，而当驱动车轮滑转导致停车后，再挂差速锁起步，有时会因滑转处土壤表面已被破坏或因全部转矩突然传至另一驱动车轮引起土壤破坏而失去效果。

差速器的内摩擦能使左右车轮传递的转矩不等。设传给差速器的转矩为 M，差速器的内摩擦力矩为 M_r，则旋转较慢和较快的驱动车轮上的转矩分别为

$$\begin{cases} M_1 = (M + M_r)/2 \\ M_2 = (M - M_r)/2 \end{cases}$$

这样，如果一个驱动车轮由于附着力不足而开始滑转，因其转速加快，则传给它的转矩就会减小到 M_2，因而可能停止滑转。而另一车轮的转矩增大到 M_1。结果在两个驱动车轮上的总驱动力可能达到最大数值。

由此可见，由于差速器的内摩擦，使汽车的总驱动力增加了 M_r/r。由于普通齿轮差速器的内摩擦不大，实际上驱动力仅提高 4% ~6%。为了增加差速器的内摩擦，越野汽车常采用高摩擦式差速器，如凸轮式或蜗杆式差速器等。这时总驱动力可增加 10% ~15%，因而能提高汽车通过性。

8. 悬架

6×6 型和 8×8 型多轴驱动的越野汽车在异常坎坷不平的地面上行驶时，常会因独立悬架的结构引起某驱动车轮的垂直载荷大幅度减小，甚至出现离开地面而悬空的现象，使驱动车轮失去与地面的附着而影响通过性。独立悬架和平衡式悬架允许车轮与车架间有较大的相对位移，使驱动车轮与地面经常保持接触，以保证有较好的附着性能。同时独立悬架可显著地提高汽车的最小离地间隙，从而提高汽车的通过性。

9. 拖带挂车

汽车拖带挂车后，由于总质量增加，动力性将有所降低，即汽车列车的最大动力因数将比单车的最大动力因数小。因而，汽车列车的通过性也随之变得差些。

为了保证汽车列车有足够高的通过性，对经常拖挂车工作的汽车，应该有较大的动力因数。增大传动系的总传动比可以加大动力因数，但与此同时，汽车的最大行驶速度将会降低；加大发动机功率也会增大动力因数，但汽车在一般道路上行驶时，由于功率利用率低，将使汽车燃料经济性变坏。

汽车拖挂车后的相对附着重力随之减少。在汽车列车总重力相同的条件下，因为半挂车的部分质量作用在牵引车上，则拖带半挂车时的相对附着质量比拖带全挂车时的大，因而半挂车汽车列车的通过性较好。

将汽车列车做成全轮驱动是提高相对附着质量的最有效方法。这可通过在挂车上也装上动力装置（动力挂车），或将牵引车的动力通过传动轴或液压管路传输到挂车的车轮上（驱动力挂车）来实现。

全轮驱动汽车列车的通过性较高，这不仅因其相对附着质量最大，同时，由于道路上各点的附着系数一般是不同的（如道路上有积水小坑），驱动车轮数目增多后，各驱动车轮均遇到附着系数小的支承面的可能性大为减小，因而对汽车列车的通过性有利。此外，与相同质量的重型载货汽车相比，全轮驱动汽车列车的车轮数一般较多，因而车轮对地面的比压较小。另外，还可以把各轴轮距做成相等，以减少滚动阻力，提高通过性。

设计汽车列车时，应使挂车车轮轨迹在转弯时与牵引车后轮轨迹重合。这不仅可减小汽车列车的转弯宽度，提高机动性，同时也可降低汽车列车在松软地面上转弯时的滚动阻力，而提高其通过性。

10. 驱动防滑系统（ASR）

汽车在泥泞道路或冰雪路面行驶时，因路面的附着系数小，常会出现驱动轮滑转现象。当驱动轮滑转时，产生的驱动力很小。特别是驱动轮原地空转时，驱动力接近零。例如，汽车驱动轮陷入泥坑时，汽车不能前进。即汽车的驱动轮一侧或两侧滑转后，汽车的总驱动力不足以克服行驶阻力，使汽车通过坏路的行驶能力受到限制。汽车驱动轮胎滑转，限制了汽车动力性的发挥，增加了轮胎的磨损，降低了轮胎的使用寿命；并使汽车抗侧向力的能力下降，当遇到侧风或横向斜坡时，容易发生侧滑，影响汽车行驶的横向稳定性。

ASR 系统可以自动调节发动机转矩到驱动轮的驱动力，使驾驶员的工作强度得以减小，稳定性和操纵性得到安全的调节，驱动力的发挥得以改善。ASR 系统保持驱动轮处于最佳滑转范围内的控制方式有以下几种：调节发动机输出转矩，制动驱动轮以及锁止差速器。这些控制方式的目的都是调节驱动轮上的驱动力矩。

（1）发动机输出转矩控制　如果驱动过程中左、右驱动轮同时滑转，ASR 系统的控制系统可从前、后车轮速度传感器传来的转速差极大的信息中，判断出左、右车轮均在空转，于是，对发动机控制阀（节气门）发出指令，通过发动机控制直接操纵发动机供油量控制杆，相应降低其输出转矩，使得驱动轮的转速降低，直到驱动轮停止滑转。

（2）驱动轮制动控制　汽车行驶中若出现一侧车轮滑转超过规定值时，控制系统向差速器制动阀和制动压力调节器发出控制指令，对滑转的车轮施加制动，使得滑转的车轮减速，当其减速至规定值后，停止对其控制。若又开始滑转，则重复上述循环过程。整个过程中，一方面对滑转的车轮施加制动，另一方面又对另一侧无滑转车轮施加正常驱动力，其效果相当于差速锁的作用，车辆在滑路上的方向稳定性和起步能力均可得到改善。

（3）发动机输出转矩调节和驱动轮制动控制综合进行　当汽车在滑路转弯行驶时，如果驱动力过大，会引起驱动轮空转，使车辆在离心力的作用下甩尾侧滑。遇到这类情况，控制系统会自动控制驱动轮制动和调节发动机输出转矩，使二者同时或单独工作，保证汽车稳定行驶。

另外，在驱动轮滑转时，ASR 系统自动向驾驶员发出警报（报警灯），提示不要猛踏加速踏板，注意转向盘操作。

11. 驾驶方法

在通过沙地、泥泞、雪地等松软地面时，应该用低速挡，以保证车辆有较大的驱动力和较低的行驶速度。在行驶中应避免换挡和加速，并保持直线行驶，因为转弯时将引起前后轮辙不重合，而增加滚动阻力。

后轮双胎的汽车，常会在两胎间夹杂泥石，或使车轮表面粘附一层很厚的泥，因而使附着系数降低，增加车轮滑转趋势。遇到这种情况，驾驶员可以适当提高车速，将车轮上的泥甩掉。

当汽车传动系装有差速锁时，驾驶员应该在估计有可能使车轮滑转的地区前就将差速器锁住。因为车轮一旦滑移后，土壤表面就会被破坏，附着系数下降，再锁住差速锁不会起显著作用。当汽车离开坏路地段后，驾驶员应将差速锁脱开，避免由于功率循环现象使发动机、传动系和轮胎磨损增加，燃料经济性和动力性变坏，以及通过性降低等不良后果。

此外，为了提高越野汽车的涉水能力，应注意发动机的分电器总成、火花塞、曲轴箱通气口等的密封问题，并提高空气滤清器的位置，不得浸入水中。普通汽车一般能通过深度为 0.5 ~ 0.6m 的硬底浅水滩。

工作任务2　汽车通过性能几何参数的测定

【任务实施】

一、案例

以瑞虎3/1.8L为例，如图7-3所示。这是一款比较典型的城市化SUV。从车辆的发动机性能来看，瑞虎3采用了性能卓越的ACTECO/1.8L发动机，在转速达到4200r/min左右时即可以提供170N·m的最大转矩，并且具备97kW的最大功率（5700r/min）。从动力性能方面来看，瑞虎3可以轻松的应对城市、郊区的路况，满足车主出行、旅游时的各种需求。

图7-3　瑞虎3

通过实际测量，瑞虎3的接近角和离去角分别为28°和29°，与传统越野型SUV很接近；传统轿车的接近角和离去角一般在25°左右，这样在遇到石头、坑洼路面时就有可能出现碰头和拖底的现象。

瑞虎3采用紧凑型车身设计，车身轴距较短（2510mm），这使得它的纵向通过角度更大。经实际测量，瑞虎3的纵向通过角达到了33.6°。与之相比，传统轿车的纵向通过角只有30°，要小于瑞虎3。

瑞虎3的最小离地间隙达到190mm，比传统轿车高出了75mm左右，与传统越野型SUV相差无几，这为车辆在野外行驶时提供了良好的保障。

通过上述实际测试和比较，可以发现瑞虎3在底盘与车身设计上最大限度地保留了传统SUV的越野性能，通过性要明显高于传统轿车，甚至不输给传统越野车型。新概念轿车既能自由穿梭于城市道路，也能轻松应对郊区、农村的复杂路况，完全满足车主出行、自驾游的用车需求。

二、实际测量

测定任意一款越野车和轿车的几何参数，判定汽车通过性的好坏，提出各种车型的比较结果，完成工作任务单。

工作任务单

学习情境7　汽车通过性能检测			
车辆型号：		车辆识别代码：	
姓名：	班级：	学号：	成绩：
日期：	指导教师签字：		

一、写出下列词语的英文翻译

通过性________________　　越野车________________

参　数________________　　间　隙________________

二、完成汽车几何参数的测定实训项目工作任务报告单

1. 实训目的

(1) 熟悉通过性能的几何参数。

(2) 掌握汽车通过性能几何参数的测量方法。

(3) 能根据测量结果评价汽车通过性能。

2. 实训设备及器材

____

____

____

3. 实训内容及操作方法

____

____

____

____

____

____

____

____

____

____

____

4. 测量结果

(1) 该车的标准参数：

(2) 测量结果：

(3) 结果判定分析。

是否相符：

原因分析：

三、回答下列问题

(1) 所检测车辆属于哪种汽车类型？

（2）在汽车结构上可采取哪些方法来提高汽车的通过性能？

学习情境 8

汽车车速表检测

学习目标：

通过本学习情境的学习，需要做到：

1）能够识别汽车车速表的形式，并能描述其工作原理。

2）能够分析车速表产生误差的原因。

3）能够制订工作计划并完成汽车车速表的检测工作任务。

4）能对检测结果进行分析判定。

情境描述：

维修业务接待员接待一位客户，客户反映他驾驶的丰田轿车在高速公路上超速被罚，怀疑车速表不准，要求检修。售后服务经理要求你承接此项工作，做出工作计划和信息采集，并完成该车车速表的检修工作。

咨询：

要完成上述工作，必须具备的知识和技能有：

（1）汽车车速表的结构和原理。

（2）汽车车速表产生误差的原因。

（3）汽车车速表检测设备的结构、原理和使用方法。

（4）汽车车速表的检测方法。

（5）国家相关的检测标准。

根据以上分析，汽车车速表检测的学习情境可通过实施以下两个工作任务来完成：

- 汽车车速表误差分析。
- 汽车车速表检测。

工作任务1　汽车车速表误差分析

【基础知识】

一、汽车车速表的构造

汽车车速表的形式有磁电式和电子式。无论哪种形式，其主轴都是由与变速器相连的软轴驱动的。

对于磁电式车速表（车速表常与里程表做在一起，如图8-1所示），当主轴旋转时，与主轴固定连接的永久磁铁也一起旋转。其磁场会在铝罩上感应涡流，产生的涡流力矩引起铝罩偏转并带动游丝和指针偏转，最后达到涡流力矩与游丝的弹性反力矩相平衡。车速越高，涡流力矩越大，指针偏转的角度也越大。

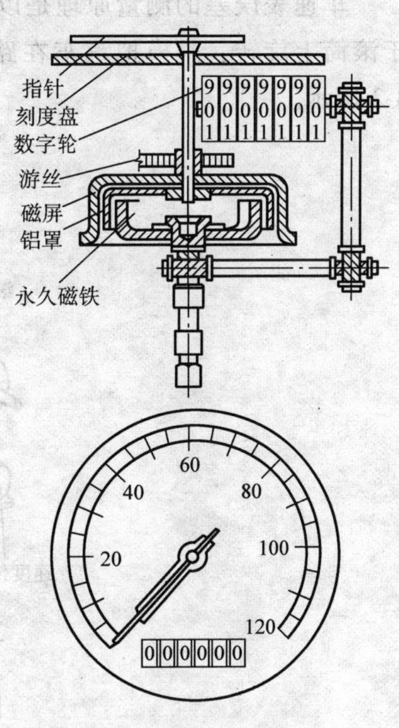

图8-1　磁感应式车速表

对于电子式车速表来说，主轴的转动会引起传感器产生与主轴转速成正比的脉冲信号，经电子线路放大后，送到仪表引起指针偏转或给出数字指示。

二、汽车车速的计算

汽车的行驶速度相当于驱动轮的线速度，显然线速度不仅与转动速度有关，还与车轮的半径有关。

理论上，若驱动轮半径为r，其转速为n，则可以算出汽车行驶的线速度为

$$v=0.377\frac{rn}{i_k i_o}$$

三、汽车车速表误差分析

车速表的指示值仅仅是与车轮的转速成正比，而汽车行驶的速度相当于驱动轮的线速度，由此引发的误差来自于两方面。

1. 汽车车速表存在的隐患

当汽车长期使用后，随着汽车行驶里程的增加，车速表内带指针的活动转盘、带永久磁铁的转轴以及轴承、齿轮、游丝等机械零件和磁性元件，在工作过程中不可避免地要产生磨损，永磁元件可能退磁老化，这些因素都会造成车速表指示值误差增大。

2. 轮胎方面的原因

轮胎是一个充气的弹性体，汽车行驶时，轮胎在受到垂直载荷、车轮驱动力和地面阻力等作用下会发生弹性变形；另外，由于轮胎磨损、气压不符合标准（过高或不足）等原因也会影响车轮半径的变化。因此，即使在驱动轮转速不变（车速表的指示值也不变）的情况下，上述原因也会引起实际车速与车速表指示值不一致的现象。

为保证行车安全，必须随时掌握准确的行车速度。因此，对车速表进行定期检查校验是十分必要的。

工作任务2　汽车车速表检测

【基础知识】

一、汽车车速表误差的测量原理

车速表误差的测量原理是以车速表试验台的滚筒作为连续移动的路面，把被测车轮置于滚筒上旋转，来模拟汽车在路面上行驶时的实际状态，进行车速表误差的检测，如图8-2所示。

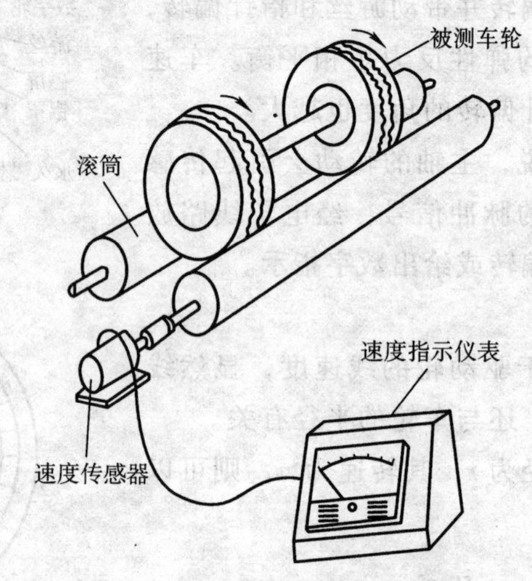

图8-2　车速表误差的测量原理

试验时，将汽车驱动轮置于滚筒上，由发动机经传动系统驱动车轮旋转，车轮借助于轮胎的摩擦力带动滚筒转动。滚筒端部装有测速发电机（即速度传感器），测速发电机的转速随滚筒转速的增高而增加，而滚筒的转速与车速成正比，因此测速发电机发出的电压也与车速成正比。滚筒的线速度、圆周长与转速之间的关系，可用下式表达：

$$v = 60Ln \times 10^{-6} \tag{8-1}$$

式中　v——滚筒的线速度（km/h）；

L——滚筒的圆周长（mm）；

n——滚筒的转速（r/min）。

因车轮的线速度与滚筒的线速度相等，故上述的计算值即为汽车的实际车速值，该值在试验时由试验台上的速度指示仪表显示。车轮在滚筒上转动的同时，车速表的软轴也由变速器输出轴带动旋转，并在车速表上显示车速值，即车速表指示值。将上述试验台上速度指示仪表上显示的实际车速值与车速表上显示的车速指示值相比较，即可得出车速表的误差。

车速表的误差按下式计算：

$$\delta = \frac{v' - v}{v} \times 100\% \qquad (8\text{-}2)$$

式中 v'——汽车车速表指示值（km/h）；

v——试验台速度仪表指示值（km/h）。

二、汽车车速表试验台

车速表试验台有 3 种类型：无驱动装置的标准型，它依靠被测车轮带动滚筒旋转；有驱动装置的驱动型，它由电动机驱动滚筒旋转；把车速表试验台与制动试验台或底盘测功试验台组合在一起的综合型。

1. 标准型车速表试验台

标准型车速表试验台由速度测量装置、速度指示装置和速度报警装置等组成，如图 8-3 所示。

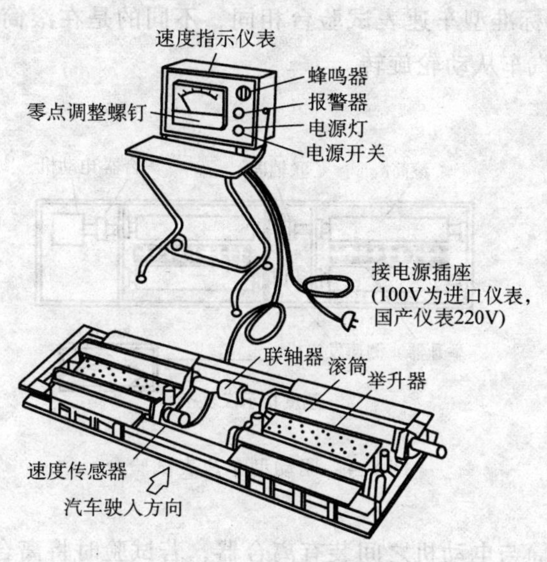

图 8-3 标准型车速表试验台

（1）速度测量装置 速度测量装置主要由滚筒、速度传感器、举升器、框架等组成。滚筒一般为 4 个，直径为 185mm 或更大，通过滚筒轴承安装在框架上。试验时，为防止汽车驱动轴差速器行星齿轮自转，试验台的两个前滚筒用联轴器连在一起。

速度传感器有测速发电机式、差动变压器式、磁电式和光电式等多种形式，它装在滚筒的一端，将对应于滚筒转速所发出的电压信号送到速度指示装置。在前、后滚筒之间设有举升器，以便汽车进出试验台。举升器与滚筒制动装置联动，举升器升起时，滚筒不会转动。

（2）速度指示装置 速度指示装置是根据速度传感器传来的电信号进行工作的。根据滚筒圆周长与转速可算出其线速度，以“km/h”为单位在速度指示仪表上显示车速。

(3) 速度报警装置　速度报警装置是为在测量时，便于判明车速表误差是否在合格范围之内而设置的。一般有下列三种形式。

1) 用试验台警报装置指示检测车速。当汽车实际车速达到某一规定值（如40km/h）时，警报装置的警报灯发亮或蜂鸣器发响，提示驾驶员已达到检测车速，注意观察驾驶室车速表指示值是否在合格范围内（如合格范围为40～48km/h）。

2) 将试验台指示仪表上某一合格范围涂成绿色（如车速表指示值为40km/h时，绿色区域应为32.8～40km/h）。试验时车速表指示值达到某一检测车速（40km/h）时，同时观察试验台速度指示仪表的指示值是否在合格的绿色区域（32.8～40km/h）内。

3) 同时具备上述两种装置的警报装置。

2. 驱动型车速表试验台

多数汽车的车速表转速信号，取自变速器或分动器的输出轴，但对于后置发动机的汽车，由于驱动车速表的软轴过长会出现传动精度和寿命等方面的问题，所以转速信号取自前轮。驱动型车速表试验台就是为了适应后置发动机汽车的试验而制造的，它的结构（见图8-4）基本上与标准型车速表试验台相同，不同的是在滚筒的一端装有电动机，用于驱动滚筒，再带动汽车从动轮旋转。

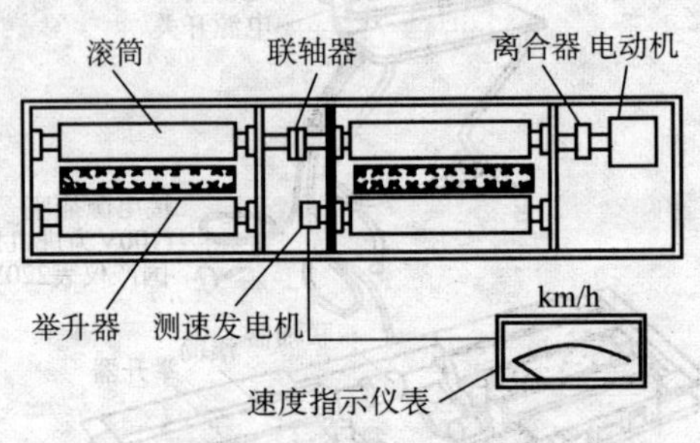

图8-4　驱动型车速表试验台

这种试验台在滚筒与电动机之间装有离合器，若试验时将离合器分离，又可作为标准型试验台使用。

【任务实施】

一、汽车车速表检测

车速表的检测方法因试验台的牌号、形式而异，应根据使用说明书进行操作。这里仅介绍一般的检测方法。

1. 检测前的准备

检测前的准备工作如下：

(1) 试验台的准备

1) 在滚筒静止状态检查指示仪表是否在零点位置上，若有偏差，可用零点调整旋钮

（或零点调整电位计）调整。

2）检查滚筒上是否沾有油、水、泥等杂物。若有，要清除干净。

3）检查举升器动作是否自如和有无漏气部位。若有阻滞或漏气部位，应予修理。

4）检查导线的接触情况。若有接触不良或断路，应予修理或更换。

经常使用的试验台，不一定每次使用前都要进行上述检查。

（2）被测车辆的准备

1）轮胎气压应符合汽车制造厂的规定。

2）轮胎沾有水、油等或轮胎花纹沟槽内嵌有小石子时，应清除干净。

2．检测方法

检测方法如下：

1）接通试验台电源。

2）升起滚筒间的举升器。

3）将被测车输出车速信号的车轮尽可能与滚筒成垂直状态地停放在试验台上。

4）降下滚筒间的举升器，至轮胎与举升器托板脱离为止。

5）用挡块抵住位于试验台滚筒之外的一对车轮，防止汽车在测试时滑出试验台。

6）使用标准型试验台时应做如下操作：

① 起动汽车，待汽车的驱动轮在滚筒上稳定后，挂入最高挡，踩下加速踏板使驱动轮平稳地加速运转。

② 当汽车车速表的指示值达到规定检测车速（40km/h）时，读出试验台速度指示仪表的指示值；或当试验台速度指示仪表的指示值达到检测车速时，读取车速表的指示值。

7）使用驱动型试验台时应做如下操作：

① 接合试验台离合器，使滚筒与电动机联在一起。

② 将汽车的变速器挂入空挡，接通试验台电源，使电动机驱动滚筒旋转。

③ 当汽车车速表达到检测车速时，读取试验台速度指示仪表的指示值；或当试验台速度指示仪表达到检测车速时，读取汽车车速表的指示值。

8）测试结束后，轻轻踩下汽车制动踏板，使滚筒停止转动。对于驱动型试验台，必须先关断电源再踩制动踏板。

9）升起举升器，去掉挡块，汽车驶离试验台。

10）切断试验台电源。

二、检测结果判定

国家强制性标准 GB 7258—2012《机动车运行安全技术条件》中规定：将被测机动车的车轮驶上车速表试验台的滚筒上使之旋转，当该机动车速表的指示值（v_1）为 40km/h 时，车速表检验台速度指示仪表的指示值（v_2）为 32.8～40km/h 范围内为合格；或当车速表检验台速度指示仪表的指示值（v_2）为 40km/h 时，读取该机动车车速表的指示值（v_1）为 40～48km/h 范围内为合格。

根据检测结果，对照国家标准，判定车速表的准确性，提出解决方案。

工作任务单

学习情境8　汽车车速表检测			
车辆型号：		车辆识别代码：	
姓名：	班级：	学号：	成绩：
日期：	指导教师签字：		

一、写出下列词语的英文翻译

车速______________　车速表______________

误差______________　检　测______________

二、完成车速表检测实训项目工作任务报告单

1．实训目的

（1）熟悉车速表试验台的基本结构、工作原理。

（2）掌握汽车车速表的检测方法。

（3）掌握汽车车速表的检测标准。

2．实训设备及器材

3．实训内容及操作方法

4. 结果分析

(1) 国家相关的检测标准。

标准代码：

标准内容：

(2) 检测结果：

(3) 结果判定分析。

是否合格：

原因分析：

三、回答下列问题

(1) 所检测的车辆，车速表的结构有何特点？

(2) 在检测工作中应注意的问题有哪些?

四、学习体会

学习情境 9

汽车前照灯检测

学习目标:

通过本学习情境的学习，需要做到:

1）能够识别汽车前照灯的型式，并能描述其工作原理。

2）能够分析前照灯产生误差的原因。

3）能够制订工作计划并完成汽车前照灯的检测工作任务。

4）能对检测结果进行分析判定。

情境描述:

某客户夜间行车时，发现自己驾驶的车辆前照灯照度不够且照射方向不准，影响夜间行驶的安全性，随即送到维修站要求检修。请你承接此项工作，做出工作计划和信息采集，并完成该车前照灯的检修工作任务。

咨询:

要完成上述工作，必须具备的知识和技能有:

1）汽车前照灯的结构和原理。

2）汽车前照灯产生误差的原因。

3）汽车前照灯检测设备的结构、原理和使用方法。

4）汽车前照灯的检测方法。

5）国家相关的检测标准。

根据以上分析，汽车前照灯检测的学习情境可通过实施以下两个工作任务来完成:

- 汽车前照灯分析。
- 汽车前照灯检测。

工作任务1　汽车前照灯分析

【基础知识】

前照灯是汽车在夜间或在能见度较低的条件下，为驾驶员提供行车道路照明的重要装置，也是驾驶员发出警示，进行联络的灯光信号装置，因此前照灯必须有足够的发光强度和正确的照射方向。

汽车前照灯由灯泡、反光镜和配光镜构成，有远、近两种灯光。前照灯在汽车上的安装数量一般有二灯制和四灯制。

一、汽车前照灯的检验指标

汽车前照灯的检验指标有以下几项。

1. 发光强度

发光强度是光线在给定方向上发光强弱的度量，其单位为坎德拉，用符号 cd 表示。按国际标准单位 SI 的规定，若一光源在给定方向上发出频率 540×10^{12}Hz 的单色辐射，且在此方向上的辐射强度为每球面度 1/683W · h，则此光源在该方向上的发光强度为 1cd。

照度表明受光物体被光源照明的程度，其单位为勒克斯，用符号 lx 表示。1 勒克斯也等于 1.02 cd 的点光源在半径为 1m 的球面上产生的光照度。在前照灯发光强度不变的情况下，被照物体离光源越远，被照明的程度越差，照度越小。若发光强度用 I（cd）表示，照度用 E（lx）表示，前照灯距被照物体的距离为 S（m），则三者之间的关系为

$$E=\frac{I}{S^2}$$

图 9-1 所示为前照灯主光束照度随距离的变化曲线。可以看出，距离超过 5m 时，实测值和理论计算值基本一致；距离为 3m 时，约产生 15% 左右的误差。可见距离越远，越能得到准确的测量值。但由于受到场地限制，在用前照灯检测仪测量时，通常采用在前照灯前方 3m、1m、0.5m、0.3m 的距离进行测量，并将该测量值当作前照灯前方 10m 处的照度，换算成发光强度进行指示。

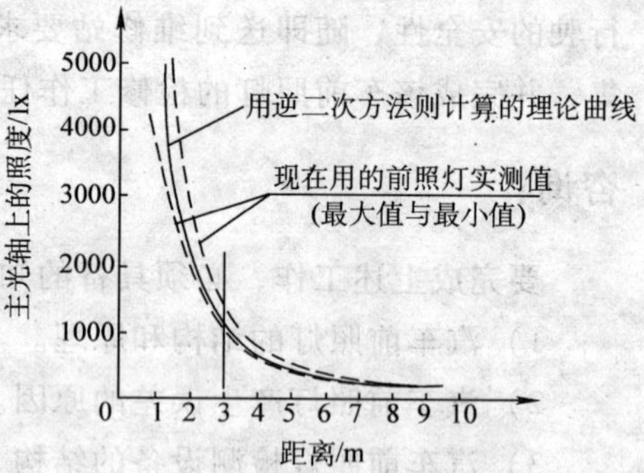

图 9-1　主光束照度随距离变化的曲线

2. 光束照射方位的偏移值

如果把前照灯最亮的地方看作是光束的中心，则它对水平、垂直坐标轴交点的偏离，即表示它的照射方位的偏移，其偏移的尺寸就是光束照射方位的偏移值，亦称光轴的偏斜量。

二、汽车前照灯存在的隐患

汽车前照灯在长期使用过程中，由于灯泡的逐渐老化，外部环境的污染，可能使前照

灯的发光强度降低。汽车在行驶中受到振动，又可能引起前照灯正常安装位置的改变，从而改变了其正确的照射方向。

为保证行车安全，必须保证前照灯的发光强度和照射方向符合要求。因此，对前照灯进行定期检查校验，是十分必要的。

工作任务2　汽车前照灯检测

【基础知识】

一、汽车前照灯检测仪的检测原理

汽车前照灯检测仪，通过采用能把吸收的光能变成电流的光电池作为传感器，按照前照灯光轴照射光电池产生电流的大小和比例，来测量发光强度和光轴偏斜量。

1．光电池工作原理

光电池是一种光电元件，前照灯检测仪上用的主要是硒光电池，其原理如图 9-2 所示。硒光电池受光照后，光使金属膜和非结晶硒的上下部产生电动势，由于光电池的上部带负电，下部带正电，因此在金属膜和铁底板上装上引出线后，再把它们用导线连接起来，光电流就可使电流表指针作相应的偏转。这样通过光与电转换，从指针偏转的大小就可以判断出前照灯的发光强度和光轴的方向。

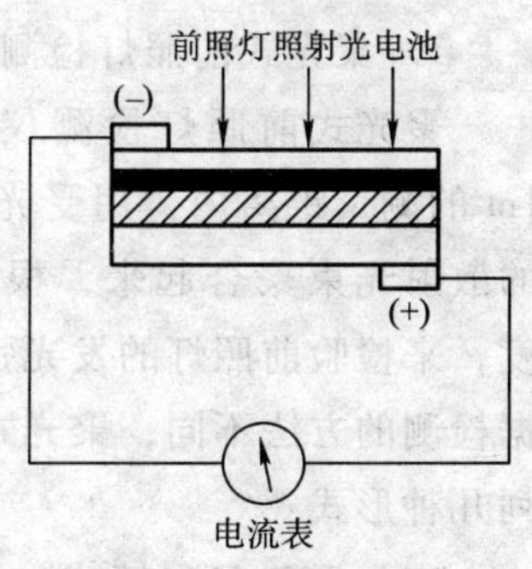

图 9-2　光电池原理图

2．发光强度的检测原理

如图 9-3 所示的发光强度检测电路由光度计、光电池和可变电阻构成。当前照灯在规定距离处照射光电池时，光电池产生与受光强弱成正比的电流，使光度计的指针偏转，经标定后，其指针偏转的大小便可反映前照灯的发光强度。

3．光轴偏斜量的检验原理

在图 9-4 所示的光轴检测电路中有四块光电池，在 $S_{上}$ 和 $S_{下}$ 之间接有上下偏斜指示计，

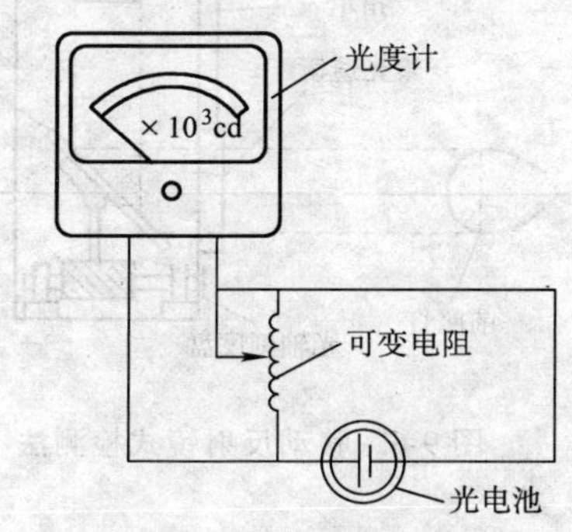

图 9-3　发光强度检测原理

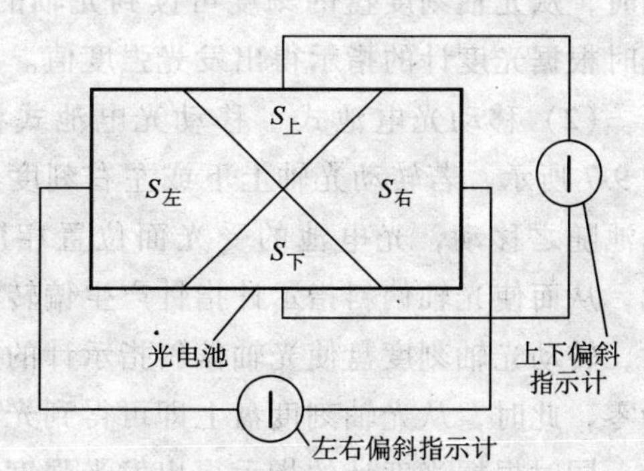

图 9-4　光轴偏斜量的检测原理

在 $S_{左}$ 和 $S_{右}$ 之间接有左右偏斜指示计。打开前照灯，四块光电池各自产生电流，根据 $S_{上}$ 和 $S_{下}$、$S_{左}$ 和 $S_{右}$ 的电流的差值，使上下偏斜指示计和左右偏斜指示计动作。如果光电池属于无偏斜受光情况，则上下偏斜指示计和左右偏斜指示计的指针均垂直向下，处于 0 位。如果光轴偏离了中心位置，则偏斜指示计的指针偏离 0 点，其偏移量反映了光轴偏斜量。通过适当的调节机构，调整光线照射光电池的光照位置，可使偏斜指示计的指针指向 0 位，那么，此调节量也就反映了光轴的偏斜量。

二、汽车前照灯检测仪

汽车前照灯检测仪按其结构特征和测量方法可分为聚光式、屏幕式、投影式和自动追踪光轴式等几种，这些不同类型的前照灯检测仪均由接受前照灯光束的受光器、使受光器与汽车前照灯对正的校准装置、前照灯发光强度指示装置、光轴偏斜量指示装置以及支柱、底板、导轨、车辆摆正找准装置等组成。

1. 聚光式前照灯检测仪

聚光式前照灯检测仪如图 9-5 所示。它是在 1m 的测量距离内，用受光器的聚光透镜把前照灯的散射光束聚合起来，根据其对光电池的照射强度，来检验前照灯的发光强度和光轴偏斜量的。根据检测的方法不同，聚光式前照灯检测仪可分为下列几种形式：

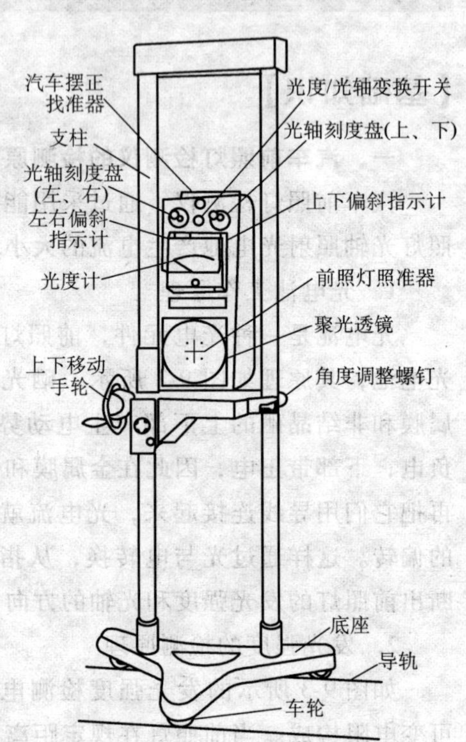

图 9-5　聚光式前照灯检测仪

(1) 移动反射镜式　如图 9-6 所示，前照灯的散射光束经聚光透镜聚合和反射镜反射后，照射到光电池上，若转动光轴刻度盘，反射镜的安装角度随之变化，照射光电池的光束位置也随之变化，从而使光轴偏斜指示计的指针产生偏转。检测时，转动光轴刻度盘使光轴偏斜指示计的指针指示为零。此时，从光轴刻度盘的刻度可读到光轴的偏斜量，同时根据光度计的指示得出发光强度值。

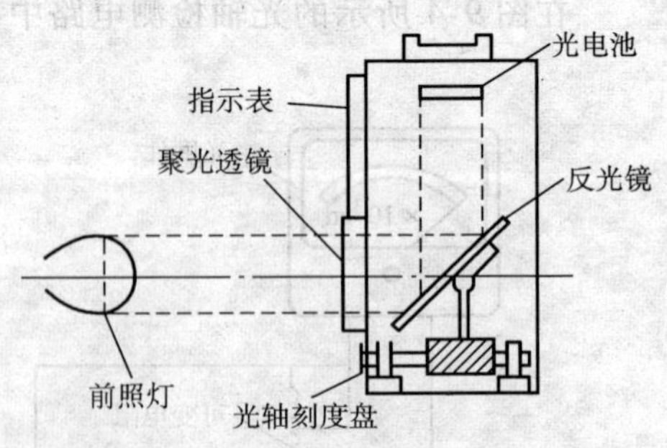

图 9-6　移动反射镜式检测法

(2) 移动光电池式　移动光电池式检测法如图 9-7 所示，若转动光轴上下或左右刻度盘，则光电池随之移动，光电池的受光面位置相应发生变化，从而使光轴偏斜指示计指针产生偏转。在检测时，转动光轴刻度盘使光轴偏斜指示计的指针指示为零，此时，从光轴刻度盘上即可得到光轴的偏斜量，同时根据光度计的指示得出发光强度值。

(3) 移动透镜式　移动透镜式检测法如图 9-8 所示，聚光透镜和光电池用特殊的连接

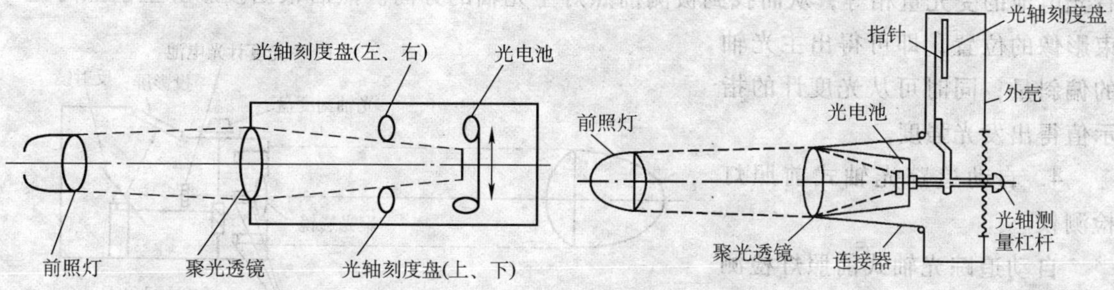

图 9-7　移动光电池式检测法

图 9-8　移动透镜式检测法

器连成一体，移动与其联动的光轴检测杠杆，光轴偏斜指示计的指针将产生偏转。在检测时，移动光轴检测杠杆，使光轴偏斜指示计的指针为零，根据与杠杆相联动的指针指示值即可得出光轴的偏斜量，同时根据光度计的指示得出发光强度值。

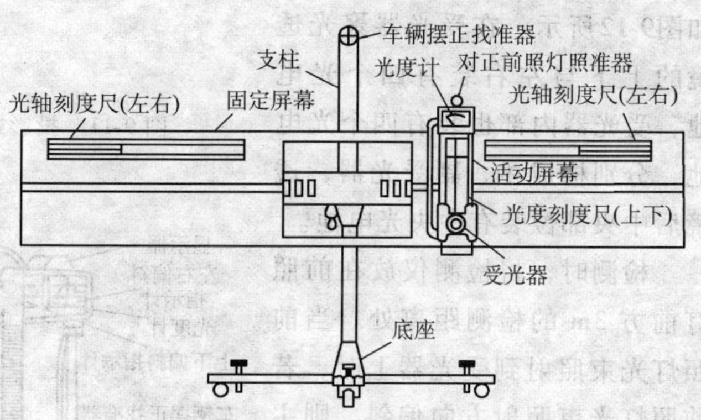

图 9-9　屏幕式前照灯检测仪

2．屏幕式前照灯检测仪

屏幕式前照灯检验仪如图 9-9 所示。在固定的屏幕上装有可以左右移动的活动屏幕，活动屏幕上装有能上下移动的内部带光电池的受光器。检验时，移动受光器和活动屏幕，使光度计的指示值最大，指示值即为发光强度值，该位置即为主光轴照射位置，从装在屏幕上的两个光轴度尺上即可读得光轴偏斜量。

3．投影式前照灯检测仪

投影式前照灯检验仪如图 9-10 所示。在聚光透镜的上下和左右方向装有四个光电池。前照灯光束的影像通过聚光透镜、光度计的光电池和反射镜后，映射到投影屏上，如图 9-11 所示。在检测时，通过上下和左右移动受光器使光轴偏斜指示计的指针指向零位，即上下与左

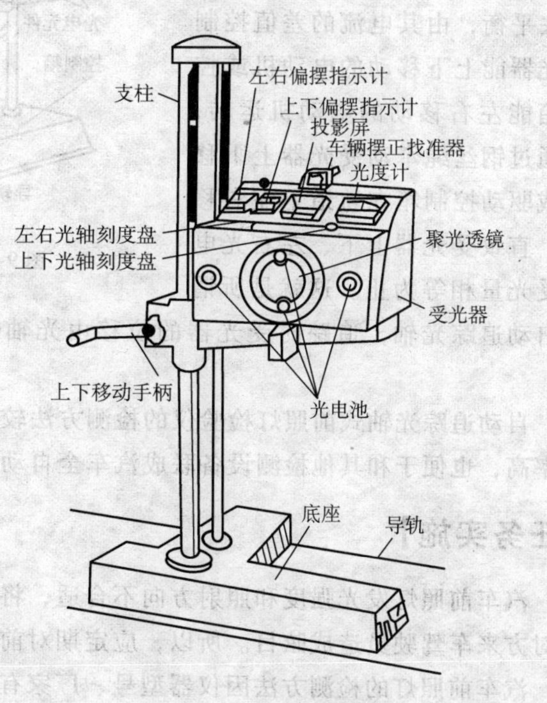

图 9-10　投影式前照灯检测仪

右光电池的受光量相等，从而找到被测前照灯主光轴的方向。然后根据投影屏上前照灯光束影像的位置，即可得出主光轴的偏斜量；同时可从光度计的指示值得出发光强度。

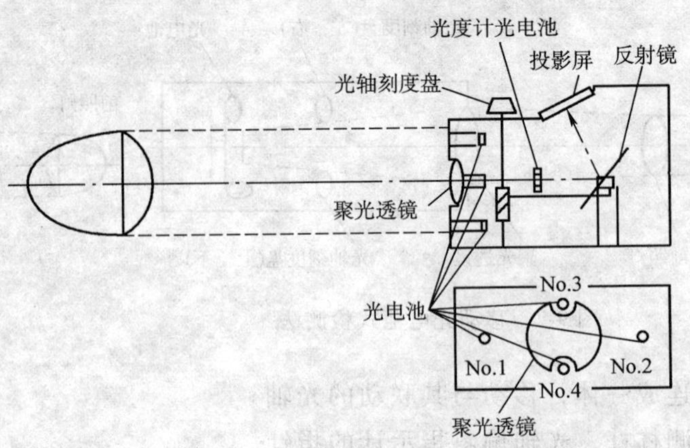

图 9-11　投影式前照灯检测仪光束影像映像原理

4. 自动追踪光轴式前照灯检测仪

自动追踪光轴式前照灯检测仪采用受光器自动追踪光轴的方法检测发光强度和光轴偏斜量。如图9-12所示。在受光器聚光透镜的上下与左右装有四个光电池，受光器内部也装有四个光电池，分别构成主、副受光器，透镜后中央部位装有中央光电池。

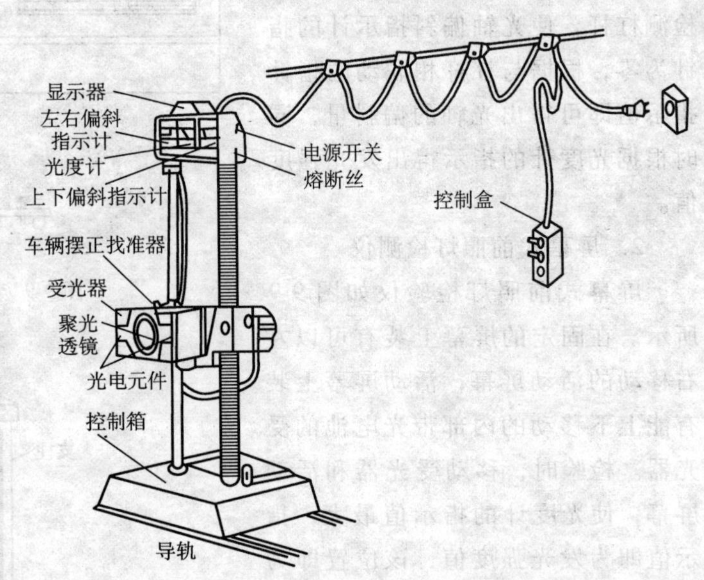

图 9-12　自动追踪光轴式前照灯检测仪

检测时，将检测仪放在前照灯前方 3m 的检测距离处。当前照灯光束照射到受光器上时，若前照灯光束照射方向偏斜，则主副受光器上下或左右光电池的受光量不等，它们分别产生的电流失去平衡，由其电流的差值控制受光器能上下移动的电动机或控制箱能左右移动的电动机运转，并通过钢丝绳牵动受光器上下移动或驱动控制箱在轨道上左右移动，直致受光器上下、左右光电池受光量相等为止。这就是所谓的自动追踪光轴，追踪时受光器的位移由光轴偏斜指示计指示，发光强度由光度计指示。

自动追踪光轴式前照灯检验仪的检测方法较简单、方便，其检测的自动化程度和检测效率高，也便于和其他检测设备联成汽车全自动检测线。

【任务实施】

汽车前照灯发光强度和照射方向不合适，将使驾驶员在夜间不易辨清前方的障碍物或给对方来车驾驶员造成眩目。所以，应定期对前照灯的发光强度和照射方向进行检测。

汽车前照灯的检测方法因仪器型号、厂家有所不同，应根据使用说明书进行操作。这里仅介绍一般的检测方法。

一、检测前的准备

1．检测仪的准备

1）在前照灯检测仪不受光的情况下，调整前照灯检测仪光度计和光轴偏斜指示计指针的机械零点。

2）检查聚光透镜和反射镜的镜面上有无污物。若有，用柔软的布或镜头纸擦拭干净。

3）检查水准器的技术状况。若水准器无气泡，应进行修理；若气泡不在红线框内时，可用水准器调节器或垫片进行调整。

4）检查导轨是否沾有泥土等杂物。若有，应扫除干净。

2．被测车辆的准备

1）清除前照灯上的污垢。

2）轮胎气压应符合汽车制造厂的规定。

3）汽车蓄电池应处于充足电状态。

二、检测方法

不同类型的检测仪其检测方法是有差异的。

1．用聚光式前照灯检测仪检测汽车前照灯的方法

1）被检汽车驶近规定距离，且与检测仪导轨垂直。

2）用车辆找准器使检测仪与汽车对正。

3）打开前照灯，用前照灯找准器使检测仪与前照灯对比。

4）将光度、光轴转换开关扳向光轴侧。

5）转动光轴刻度盘，使光轴偏斜指示计指零，此时光轴刻度盘上的指示值即为光轴偏斜量。

6）光轴刻度盘不动，将光度、光轴转换开关拨向光度侧，此时光度计的指示值即为前照灯的发光强度值。

2．用屏幕式前照灯检测仪检测汽车前照灯的方法

1）被测车辆驶近检测仪，且距检测仪3m，方向垂直于检测仪导轨。

2）用车辆找准器使检测仪与汽车对正。

3）打开前照灯，用前照灯找准器使检测仪与前照灯对正（固定屏幕调整到和前照灯同样高度，受光器与前照灯中心重合）。

4）使左右光轴刻度尺的零点与活动屏幕上的基准指针对正。

5）将受光器上下、左右移动，使光度计指示达到最大值，此时受光器上基准指针所指活动屏幕的上下刻度值和活动屏幕上基准指针所指固定屏幕左右刻度值即为光轴的偏斜量。

6）光度计上的指示值，即为前照灯发光强度值。

3．用投影式前照灯检测仪检测汽车前照灯的方法

1）将被测车尽可能与导轨保持垂直方向驶近检验仪，使前照灯与检验仪受光器相距3m。

2）用汽车摆正找准器使检验仪与被测车对正。

3）开亮前照灯，移动检验仪，使光束照射到受光器上，并使上下和左右光轴偏斜指示计指示值为零。此时，根据投影屏上前照灯光束影像位置，即可得出光轴的偏斜量。

4）根据光度计上的指示值，即可得出前照灯的发光强度。

4. 用自动追踪光轴式前照灯检测仪检测汽车前照灯的方法

1）将被测车尽可能与导轨保持垂直方向驶近检验仪，使前照灯与检验仪受光器相距3m。

2）用汽车摆正找准器使检验仪与被测车对正。

3）开亮前照灯，接通检验仪电源，用控制器上的上下、左右控制开关移动检验仪的位置，使前照灯光束照射到受光器上。

4）按下控制器上的测量开关，受光器随即追踪前照灯光轴，根据光轴偏斜指示计和光度计的指示值，即可得出光轴偏斜量和发光强度。

三、检测结果判定

在GB 7258—2012《机动车运行安全技术条件》中，对机动车前照灯光束照射位置和前照灯光束发光强度作了规定。

（1）前照灯近光光束照射位置　在检验前照灯近光光束照射位置时，前照灯照射在距离10m的屏幕上时，乘用车前照灯近光光束明暗截止线转角或中点的高度应为（0.7～0.9）H（H为前照灯基准中心高度，下同），其他机动车（拖拉机运输机组除外）应为（0.6～0.8）H。机动车（装用一只前照灯的机动车除外）前照灯近光光束水平位置向左偏不允许超过170mm，向右偏不允许超过350mm。

（2）前照灯远光光束照射位置　在检验前照灯远光光束照射位置时，前照灯照射在距离10m的屏幕上时，要求在屏幕上光束中心离地高度，对乘用车为（0.85～0.95）H（但不得低于前照灯近光光束明暗截止线转角或中点的高度），对其他机动车为（0.8～0.95）H。机动车（装用一只前照灯的机动车除外）前照灯远光光束水平位置要求，左灯向左偏不允许超过170mm，向右偏不允许超过350mm；右灯向左或向右偏均不允许超过350mm。

（3）前照灯光束发光强度要求　机动车每只前照灯的远光光束发光强度应达到表9-1中的要求。

表9-1　机动车前照灯光束发光强度要求　（单位：cd）

机动车类型	检查项目					
	新注册车			在用车		
	一灯制	两灯制	四灯制*	一灯制	两灯制	四灯制*
三轮汽车	8000	6000	—	6000	5000	—
最高设计车速小于70km/h的汽车	—	10000	8000	—	8000	6000
其他汽车	—	18000	15000	—	15000	12000

注：*四灯制是指前照灯具有四个远光光束；采用四灯制的机动车，其中两只对称的灯达到两灯制的要求时视为合格。

工作任务单

学习情境9　汽车前照灯检测

车辆型号：		车辆识别代码：	
姓名：	班级：	学号：	成绩：
日期：	指导教师签字：		

一、写出下列词语的英文翻译

光____________________　　前照灯____________________

照射____________________　　强度____________________

二、完成车速表检测实训项目工作任务报告单

1. 实训目的

(1) 熟悉前照灯检测仪的基本结构和工作原理。

(2) 掌握汽车前照灯的检测方法。

(3) 能对汽车前照灯的检测结果进行分析判定。

2. 实训设备及器材

3. 实训内容及操作方法

(1) 汽车前照灯发光强度检测：

检测结果：

分析判定：

(2) 前照灯光束照射位置检测：

检测结果：

分析判定：

三、回答下列问题

(1) 所检测的车辆，前照灯的结构有何特点？

(2) 在检测中采用了哪种检测仪，叙述其结构和工作原理。

(3) 测量结果和标准对比出现偏差的原因有哪些？

学习情境 10

汽车尾气检测

学习目标：

通过本学习情境的学习，需要做到：

1）能够分析汽车尾气的成份。

2）能够阐述各种汽车尾气的危害。

3）能利用检测仪对汽油机和柴油机进行尾气检测。

4）能对检测结果进行判定和分析。

情境描述：

某检测站接到汽车年检任务，站长要求你承担汽车尾气工位的检测工作任务，请你对车辆尾气进行检测，并写出评估报告。

咨询：

要完成上述工作，必须具备的知识和技能有：

1）汽车尾气的成份和危害。

2）汽车尾气检测设备的结构、原理和使用方法。

3）国家相关的检测标准。

根据以上分析，汽车尾气检测的学习情境可通过实施以下三个工作任务来完成：

- 汽车尾气分析。
- 汽油车尾气检测。
- 柴油车尾气检测。

工作任务1　汽车尾气分析

【基础知识】

汽车在给人类带来便捷的同时，也给人类带来了危害。汽车尾气的污染物是一致公认的城市公害之一，它污染了人类的生存环境，影响了人们的身体健康。随着汽车保有量的迅速增加，这种危害越来越大，并发展成为严重的社会问题。因此，监督并检测尾气污染物浓度已成为汽车检测项目中极为重要的部分。

一、汽车尾气污染物的成分和危害

汽车排放的污染物主要有：一氧化碳（CO）、碳氢化合物（HC）、氮氧化合物（NO_x）、硫化物（SO_2）、微粒、二氧化碳 CO_2 和其他一些有害物质。这些污染物中，CO、HC、NO_x、CO_2 和微粒等主要来自车辆尾气的排放，少部分来自曲轴箱泄漏和燃油蒸发。

1. 一氧化碳（CO）

一氧化碳是汽油烃类成分燃烧的中间产物，理论上，当混合气空燃比不小于 14.7∶1 时，即在氧气充足的情况下，排气中将不含 CO 而代之产生 CO_2 和未参加燃烧的 O_2。但现实中由于混合气的分布并不均匀，总会出现局部缺氧的情况。当空气量不足，即混合气空燃比不大于 14.7∶1 时，必然会有部分燃料不能完全燃烧而生成 CO。比如发动机在怠速时，燃烧的混合气偏浓，此时发动机工作循环中的气体压力与温度不高，混合气的燃烧速度减慢，就会引起不完全燃烧，使一氧化碳的浓度增加。发动机在加速和大负荷范围工作，或点火时刻过分推迟时也会使尾气中 CO 的浓度增高。同时即使燃料和空气混合很均匀，由于燃烧后的高温，已经生成的 CO_2 也会有小部分被分解成 CO 和 O_2。另外，排气中的 H_2 和未燃烃 HC 也可能将排气中的部分 CO_2 还原成 CO。

一氧化碳是一种无色、无刺激的气体，是汽车及内燃机排气中有害浓度最大的成分。一氧化碳与血液中的血红蛋白结合的速度比氧气快 250 倍。一氧化碳经呼吸道进入血液循环，与血红蛋白亲合后生成碳氧血红蛋白，从而削弱血液向各组织输送氧的功能，危害中枢神经系统，造成人的感觉、反应、理解、记忆力等机能障碍，重者危害血液循环系统，导致生命危险。所以，即使是微量吸入一氧化碳，也可能给人造成可怕的缺氧性伤害。

2. 碳氢化合物（HC）

排气中的碳氢化合物是由未燃烧的燃料烃、不完全氧化产物以及燃烧过程中部分被分解的产物所组成的。当混合气过稀或缸内废气过多时会出现火焰传播不充分，即燃烧室部分地区由于混合气过稀或缸内残余废气系数过高而不能燃烧，出现断火。这时，排气中的 HC 浓度会显著增加。碳氢化合物总称烃类，是发动机未燃尽的燃料分解产生的气体，汽车排放污染物中的未燃烃的 20% ~25% 来自曲轴箱窜气；20% 来自燃油箱的蒸发；其余 55% 由排气管排出。

单独的 HC 只有在浓度相当高的情况下才会对人体产生影响，一般情况下作用不大，但它却是产生光化学烟雾的重要成分。

3. 氮氧化合物（NO_x）

氮氧化合物主要是指 NO 和 NO_2。发动机排气中的 NO_x 是由于燃烧室内高温燃烧而产生的，空气中的氮经过氧化首先生成 NO，然后与大气中的氧相遇又成为 NO_2。试验证明，供给略稀的混合气（空燃比≥15.5）会增大 NO_x 的排放量。汽油机排出的氮氧化物中，NO 占 99%，而柴油机排出的氮氧化物中 NO_2 比例稍大。

高浓度的 NO 能引起神经中枢的障碍，并且容易氧化成剧毒的 NO_2，NO_2 有特殊的刺激性臭味，严重时会引起肺气肿。在二氧化氮浓度为 $9.4mg/m^3$ 的空气中暴露 10min，即可造成人的呼吸系统功能失调。

HC 与 NO_x 的混合物在紫外线作用下进行光化学反应，由光化学过氧化物而形成的黄色烟雾，该现象称为“光化学烟雾”。其主要成分是臭氧（O_3）、醛类、硝酸酯类等多种复杂化合物。这种光化学烟雾对人体最突出的危害是刺激眼睛和上呼吸道黏膜，引起眼睛红肿和喉炎。1952 年 12 月，伦敦发生光化学烟雾，4 天中死亡人数较常年同期多 4000 人，45 岁以上的死亡最多，约为平时的 3 倍；1 岁以下的约为平时的 2 倍。1998 年，曾有北京出现光化学烟雾事件的报道；2001 年，也有南宁发生光化学烟雾事件的报道。

4. 硫化物（SO_2）

汽车尾气中的硫化物的主要成分是二氧化硫。当汽车使用催化净化装置时，就算很少量的 SO_2 也会逐渐在催化剂表面堆积，造成催化剂中毒，不但影响催化剂的使用寿命，还危害人体健康，而且 SO_2 还是造成酸雨的主要物质。

5. 微粒

汽油机中主要微粒为铅化物、硫酸盐、低分子物质；柴油机中主要微粒为含碳物质（炭烟）和高分子量有机物（润滑油的氧化和裂解产物）。柴油机的微粒量比汽油机多 30 ~60 倍，成分比较复杂。特别是炭烟，主要由直径为 0.1 ~10μm 的多孔性碳粒构成，它除了会被人体吸入肺部沉淀下来外，还往往粘附有 SO_2 及致癌物质，严重危害人体健康。

6. 二氧化碳（CO_2）

即使燃烧过程按理想过程进行，也会生成 CO_2，CO_2 本身对人体无害，但 CO_2 作为主要的温室气体，对全球气候变化的影响正在受到越来越多的关注。1997 年 12 月，在日本京都，55 个国家签署了《京都议定书》，对削减温室气体排放，制定了明确的计划。《京都议定书》的签署标志着人类启动了大规模控制 CO_2 排放的进程。由于 CO_2 是含碳燃料燃烧的必然产物，所以对汽车产业界来说，降低 CO_2 排放就是要求降低汽车的油耗。

上述污染物的排放中，汽油机排放的 CO、HC、NO_x 均比柴油机多，碳烟的排放为柴油机高于汽油机。

二、控制尾气污染的措施

对汽车尾气污染物的防治，主要采取前处理、机内净化和后处理的方法。前处理即对燃料进入气缸前进行处理，以减少燃料挥发进入大气及缸内燃烧后排气中的有害成分；机内净化即对发动机进行改进，以减少排气中有害成分的生成；后处理即在尾气进入大气前，应用净化装置，在排气系统中进行处理，以减少排入大气中的有害成分，主要措施如下。

1. 曲轴箱强制通风系统

封闭式曲轴箱通风装置如图 10-1 所示。从空气滤清器引出新鲜空气进入曲轴箱，与窜气混合后，从气缸盖罩由 PCV 阀计量后，吸入进气管进入气缸内烧掉。

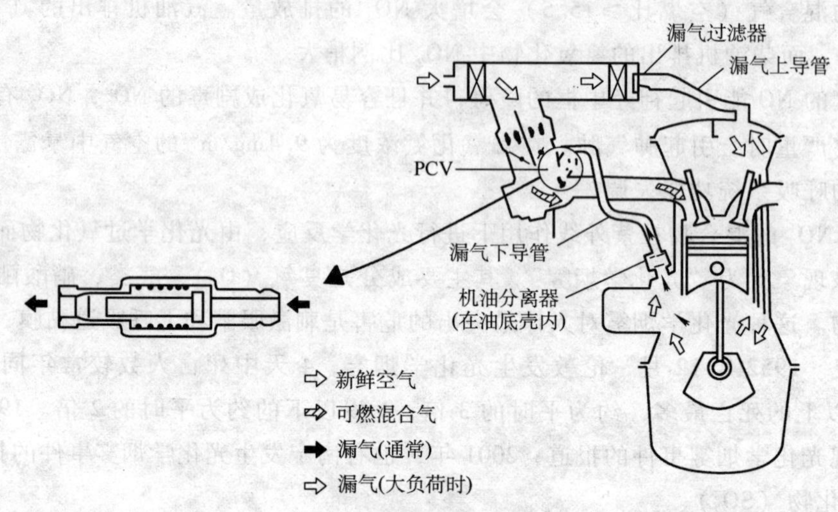

图 10-1 曲轴箱强制通风装置

2. 废气再循环

废气再循环（EGR）法，是将废气的一部分返流至进气管后再吸入气缸，可减少 NO_x 的排放。这里由于废气掺入了气缸后，混合气热值降低，燃烧的最高温度降低，从而有效地控制了燃烧过程中 NO_x 的生成量。但当废气返流量太高，使燃烧速度太慢，HC 排放量增加，功率和耗油率随之恶化。因此必须将 EGR 量控制在允许限度内，一般 5% 的废气进入再循环是合适的。

3. 采用汽油喷射系统

采用汽油喷射系统时，由于混合气成分的精确调节及各缸分配均匀，能确保混合气完全燃烧，大幅度减少了排气中的 CO 和 HC 含量。如国产奥迪轿车发动机（5 缸）采用汽油喷射后，不仅使有效功率增加 5% ~10%，燃料消耗率降低 5% ~15%，也使废气排放量减少 20% 左右。

4. 采用稀薄燃烧系统

稀薄燃烧系统是指能燃用空燃比为 18∶1 或更稀的混合气的汽油机。稀薄燃烧按供给方式可分为均质和非均质两种。分层燃烧作为稀薄燃烧中的非均质燃烧是实现稀薄燃烧的主要方式。美国德士古 TCCS 和日本本田 CVCC 即为这种分层燃烧系统。这种方式是汽油机在火花塞附近供给易燃的浓混合气，A/F = 12 ~ 13.5，而在其周围供给从浓到稀的各种 A/F 的混合气层，从而不仅达到燃用稀混合气的目的，提高了部分负荷下的热效率和降低了耗油率，而且由于分层燃烧可使发动机在稀混合气的条件下工作，因此，排气中的 HC、CO 含量较少，同时由于燃烧温度较低，NO_x 排放量也有所减少，是一种较理想的排气净化方法。

5. 催化转换器

汽车上使用的三元催化转换器装于排气尾管与消声器之间。它可以同时净化发动机排出的三种有害气体，把 CO、HC 和 NO_x 分别转化为 CO_2、H_2O 和 N_2 等无毒气体。其工作的前提条件是供给发动机的混合气均保持在理论空燃比 14.7 附近，因此，三元催化反应器需与混合气成分调节系统的使用相结合，这是现阶段排气净化系统最有效的方法。使用这种净化方法使 HC、CO、NO_x 三种有害排气成分得到大幅度的降低。

6. 先进的发动机管理系统

采用先进的发动机管理系统，精确控制各工况的空燃比，特别是冷起动时，如使发动机运行在偏稀状态（过量空气系数达 1.05），点火正时推迟到大约上止点后 20°，虽然可能会使发动机噪声增加，使怠速稳定性变差，但是这种管理策略将导致后燃，并在排气管中产生较大的放热量，排气温度会比较高，催化剂起燃快，可以降低冷起动排放。

随着汽车技术的不断发展，对汽车尾气的控制措施将会越来越完善。

工作任务2　汽油车尾气检测

【基础知识】

目前，在汽车尾气分析仪中，测定汽油车的有不分光红外线分析仪、氢火焰离子型分析仪、化学发光分析仪等，下面介绍不分光红外线气体分析仪。

一、不分光红外线气体分析仪的检测原理

汽车排气中的 CO、HC、NO 和 CO_2 等气体，都分别具有能吸收一定波长范围红外线的性质，如图 10-2 所示。而且，红外线被吸收的程度与排气浓度之间有一定的关系。不分光红外线分析法就是利用这一原理，即根据检测红外线被汽车排气吸收一定波长范围红外线后能量的变化，来检测排气中各种污染物的含量。在各种气体混在一起的情况下，这种检测方法具有测量值不受影响的特点。

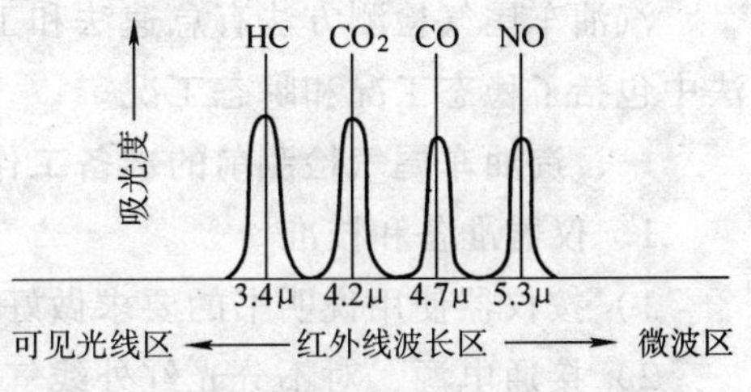

图 10-2　4 种气体吸收红外线的情况

二、不分光红外线气体分析仪的结构

不分光红外线 CO 和 HC 气体分析仪，是一种能够从汽车排气管中采集气样，对其中的 CO 和 HC 含量连续进行分析的仪器。它由排气取样装置、排气分析装置、含量指示装置和校准装置等组成。

（1）排气取样装置　该装置由取样探头、滤清器、导管、水分离器和泵等组成。通过取样探头、导管和泵从车辆排气管里采集排气，再用滤清器和水分离器把排气中的炭渣、灰尘和水分等除掉，只把排气送入分析装置。为了使取样探头具有耐热性和防止导管吸附 HC 气体，其采用特殊材料制成。

（2）排气分析装置　排气分析装置由红外线光源、气样室、旋转扇轮（截光器）、测量室和传感器等组成。该装置按照不分光红外线分析法，从来自取样装置的混有多种成分的排气中分析 CO 和 HC 的含量，并将含量转变成电信号输送给含量指示装置。按传感器形式不同，排气分析装置可分为电容微音器式和半导体式等不同形式；按功能不同，又可分为 CO、HC 单项式和 CO、HC 综合式两种形式。

（3）含量指示装置　CO 和 HC 综合式气体分析仪的含量指示装置，由 CO 指示装置和 HC 指示装置组成，有指针式仪表和数字式显示器两种类型。从排气分析装置送来电信号，在 CO 指示仪表上，CO 的体积分数以百分数（%）表示；在 HC 指示仪表上，HC 积分数以正己烷当量的百万分数（10^{-6}）表示。

指针式仪表的指示，可利用零点调整旋钮、标准调整旋钮和读数转换开关等进行控制。气体分析仪内的滤清器脏污时，对测量值有影响，因此要经常观察流量计的指示情况，发现指针进入红区应及时更换滤清器滤芯。

（4）校准装置　校准装置是一种为了保持分析仪的指示精度，使之能准确指示测量值的装置。在此装置中，往往既设有用加入标准气样进行校准的装置，也设有用机械方式简易校准的装置。

1）标准气样校准装置。是把标准气样从分析仪上单设的一个专用注入口直接送到排气分析装置，再通过比较标准气样浓度值和仪表指示值的方法来进行校准的装置。

2）简易校准装置。通常是用遮光板把排气分析装置中通过测量气样室的红外线遮挡住一部分，用减少一定量红外线能量的方法进行简单校准的装置。

【任务实施】

汽油车尾气检测方法有怠速法和工况法，怠速法中包括了单怠速法和双怠速法，工况法中包括了稳态工况和瞬态工况。

一、汽油车尾气检测前的准备工作

1．仪器准备和校准

1）按仪器使用说明书的要求做好各项检查工作。

2）接通电源，对不分光红外线气体分析仪预热 30min 以上。

3）用标准气样校准。先让气体分析仪吸入清洁空气，用零点调整旋钮把仪表指针调整到零点；然后把仪器附带的标准气样从标准气样注入口灌入，再用标准调整旋钮把仪表指针调到标准指示值。在灌注标准气样时，要关掉气体分析仪上的泵开关。

对于 CO 气体分析仪，可把标准气样瓶上标明的 CO 浓度值作为校准的标准值；对于 HC 气体分析仪，由于是用丙烷作为标准气样，因而要按下式求出正己烷的换算值，再用正己烷的换算值作为校准的标准值。

仪器校准的标准值（正己烷换算值）= 标准气样（丙烷）含量 × 换算系数

式中，标准气样（丙烷）含量即标准气样瓶上标明的含量值；换算系数是气体分析仪的给出值，一般为 0.472 ~ 0.578。

4）简易校准。先接通简易校准开关，对于有校准位置刻度线的仪器，可用标准调整旋钮把仪表指针调整到正对标准刻度线位置。对于没有标准刻度线的仪器，要在标准气样校准后立即进行简易校准，使仪表指针与标准气样校准后的指示值重合。

5）把取样探头和取样导管安装到气体分析仪上，检查取样探头和导管内是否有残留HC。如果管内壁吸附残留HC很多，仪表指针大大超过零点以上时，要用压缩空气或布条等清洁取样探头和导管。

仪器经过上述检查和校准后，即可投入使用。

2. 车辆或发动机的准备

1）进气系统装有空气滤清器，排气系统装有排气消声器，不得有泄漏。

2）汽油应符合GB 484《车用汽油》的规定。

3）测量时发动机冷却液和润滑油温度达到所规定的热状态。

4）自1995年7月1日起新生产汽油发动机应具有怠速螺钉限制装置。点火提前角在其可调整范围内都应达到排放标准要求。

二、汽油车尾气检测怠速试验法

怠速试验法测量程序如下：

1）必要时在发动机上安装转速计、点火定时仪、冷却液和润滑油测温计等测试仪器。

2）发动机由怠速工况加速至70%额定转速，维持60s后降至怠速。

3）发动机降至怠速状态后，将取样探头插入排气管中，深度等于400mm，并固定于排气管上。

4）先把指示仪表的读数转换开关打到最高量程挡位，再一边观看指示仪表，一边用读数转换开关选择适于排气含量的量程挡位。

5）发动机在怠速状态，维持15s后开始读数，读取30s内的最高值和最低值，其平均值即为测量结果。

6）若为多排气管时，取各排气管测量结果的算术平均值。

7）测量工作结束后，把取样探头从排气管里抽出来，让它吸入新鲜空气5min，待仪器指针回到零点后再关闭电源。

三、汽油车尾气检测双怠速试验法

双怠速试验法测量程序如下：

1）必要时在发动机上安装转速计、点火定时仪、冷却液和润滑油测温计等测试仪器。

2）发动机由怠速工况加速至70%额定转速，维持60s后降至高怠速（即50%额定转速）。

3）发动机降至高怠速状态后，将取样探头插入排气管中，深度等于400mm，并固定于排气管上。

4）先把指示仪表的读数转换开关打到最高量程挡位，再一边观看指示仪表，一边用读数转换开关选择适于排气含量的量程挡位。

5）发动机在高怠速状态维持15s后开始读数，读取30s内的最高值和最低值，取平均值即为高怠速排放测量结果。

6）发动机从高怠速状态降至怠速状态，在怠速状态维持15s后开始读数，读取30s内最高和最低值，其平均值即为怠速排放测量结果。

7）若为多排气管时，取各排气管测量结果的算术平均值。

8）测量工作结束后，把取样探头从排气管里抽出来，让它吸入新鲜空气5min，待仪器指针回到零点后再关闭电源。

四、汽油车尾气检测加速模拟工况试验法

所谓加速模拟工况是指车辆预热到规定的热状态后，加速至规定车速，根据车辆规定车速时的加载负荷，通过底盘测功机对车辆加载，使车辆保持等速运转的运行状态，在这样的工况下测试汽车尾气的排放情况。加速模拟工况试验法简称工况法，由两个试验工况组成，分别称为ASM5025和ASM2540。

1. ASM5025工况

ASM5025工况测试程序如下：

1）车辆驱动轮位于测功机滚筒上，将分析仪取样探头插入排气管中，深度为400mm，并固定于排气管上。对独立工作的多排气管应同时取样。

2）车辆经预热后，加速至25km/h，测功机以车辆速度为25km/h，加速度为1.475m/s² 的输出功率的50%作为设定功率对车辆加载。

3）车辆以（25±1.5）km/h的速度持续运转10s后开始计时测试，持续运转测试时间为90s ASM 5025工况结束。

2. ASM2540工况

ASM2540工况测试程序如下：

（1）在ASM5025工况试验结束后，车辆立即加速至40km/h，测功机以车辆速度为40km/h，加速度为1.475m/s² 时的输出功率的25%作为设定功率对车辆加载。

（2）车辆以40±1.5km/h的速度持续运转10s后开始计时测试，持续运转测试时间为90s，ASM 2540工况结束。

五、检测结果判定

1. 检测标准

根据GB 18285—2005《点燃式发动机汽车排气污染物排放限值及测试方法（双怠速法及简易工况法）》的规定，装配点燃式发动机的车辆怠速试验尾气污染物限值见表10-1；

表10-1 装用点燃式发动机的车辆怠速试验尾气污染物排放限值（摘录）

车辆类别	轻型车		重型车	
	CO（%）	HC×10⁻⁶①	CO（%）	HC×10⁻⁶①
95年7月1日以前生产的在用汽车	4.5	1200	5.0	2000
95年7月1日起生产的在用汽车	4.5	900	4.5	1200

① HC容积浓度值按正己烷当量。

装用点燃式发动机的车辆双怠速试验尾气污染物限值见表 10-2。尾气排放标准正越来越严格，以适应环保要求。

表 10-2 装用点燃式发动机的车辆双怠速试验尾气污染物排放限值

车辆类别	怠速		高怠速	
	CO（%）	HC×10⁻⁶①	CO（%）	HC×10⁻⁶
2005 年 7 月 1 日起生产的第一类轻型汽车	0.5	100	0.3	100
2005 年 7 月 1 日起生产的第二类轻型汽车	0.8	150	0.5	150
2005 年 7 月 1 日起新生产的重型汽车	1.0	200	0.7	200

2. 检测结果分析

汽油车怠速污染物超过标准时，主要原因是汽油车供油系调整不当所致，另外点火系和冷却系工作状态及曲柄连杆机构技术状况对尾气中的 CO、HC 的浓度也有影响。

工作任务 3 柴油车尾气检测

【基础知识】

柴油车尾气排放的主要有害成分是炭烟。目前对柴油车炭烟的测量主要采用烟度计，有滤纸式和消光式等几种。

一、滤纸式烟度计

1. 滤纸式烟度计的结构

滤纸式烟度计是一种非直接测量的计量仪器，其结构如图 10-3 所示，主要由取样系统（即抽气装置）、走纸机构、光电检测系统和控制系统等四部分组成。

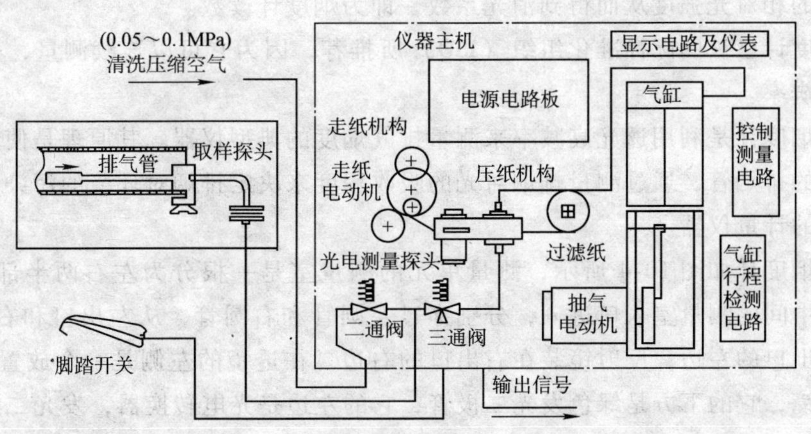

图 10-3 滤纸式烟度计总体结构示意图

（1）取样系统　取样系统由抽气泵、取样探头、取样软管、滤纸夹持器及电磁阀等部分组成。将取样探头插入柴油车排气管中，借助抽气泵的作用，抽取一定量的尾气经取样软管通过滤纸，完成取样过程。

（2）走纸机构　走纸机构由滤纸、走纸电动机、走纸轮、走纸电磁铁、连杆与杠杆等组成，用以控制滤纸每次检测移动42mm，该距离恰好使受排气污染的滤纸从纸夹持机构移动到光电检测器的中心。

（3）光电检测系统　光电检测系统由光电检测器（包括光源灯、灯座支承体、反光罩、硒光电池）和仪表两部分组成。光源灯发出的光通过硒光电池中间的圆孔照射到滤纸上，从滤纸反射回来的光照射到硒光电池的工作面上，硒光电池便产生电流。此电流信号经放大后送到指示仪表显示，便反映出滤纸的染黑度即烟度，当满足一定条件时，输出电流与烟度成线性关系，可在指示仪表上直接读出烟度值。

（4）控制与指示系统　控制与指示系统由电磁铁、电磁阀、继电器、控制开关及仪表等组成，主要用于仪器使用的操作控制。

（5）辅助装置　烟度计在使用过程中必须配置0.4MPa左右的稳定气源，一般配置一台空气压缩机。为了确保检测结果的准确性，一般还应配置一台空气压缩机用于清洁检测系统。

2. 滤纸式烟度计的工作原理

滤纸式烟度计通过检测测量介质被所测量烟度污染的程度大小来间接得出烟度的大小。在规定时间中，仪器的取样系统通过抽气泵、取样探头从柴油车的排气管内抽取规定容积废气，经过测量介质（测试过滤纸）过滤，废气中的炭粒附着在过滤纸上，形成一个规定面积的烟斑，然后通过测量系统的光电测量探头对烟斑的污染程度进行测量转化为电信号，经过放大、处理，再将测试结果通过显示装置显示出来。

二、消光式烟度计

比较典型的有美国国家环保局推荐的PHS烟度计和英国哈特里奇烟度计。这两种烟度计分别把一束光照向柴油机全部（前者）或部分（后者）排气。设在光源对面的感光元件接收到的相对光强度从而得到消光系数，即为烟度计读数。

消光烟度计已被国际标准化组织（ISO）所推荐，因为它可以连续测量，在低烟度下仍有较高分辨率。

消光式烟度计是利用透光衰减率来测量排气烟度的典型仪器。其原理是使光束通过一段给定长度的排烟管，通过测量排烟对光的吸收程度来决定排烟对环境的污染程度，是一种直接测量的计量仪器。

消光式烟度计如图10-4所示，测量单元的测量室是一根分为左右两半部分的圆管，被测排气从中间的测量室入口进入，分别穿过左圆管和右圆管，从左出口和右出口排出。透镜装在左出口的左边，反射镜装在右出口的右边。在透镜的左侧是一个放置成45°的半反射半透射镜，它的下方是绿色发光二极管，它的左边是光电转换器，发光二极管及光电转换器到透镜的光程都等于透镜的焦距。因此，发光二极管发出的光经过半反射镜的反射，再通过透镜后就成为一束平行光。平行光从测量室的左出口进入，穿过左右圆管

（测量室）中的烟气从右出口射出，被反射镜反射后折返，从测量室的右出口重新进入测量室，再次穿过烟气从左出口射出。射出的平行光经过透镜，穿过半透射镜，聚焦在光电转换器上，并转换成电信号。排气中含烟越多，平行光穿过测量室的光能衰减越大，经光电转换器转换的光电信号就越弱。

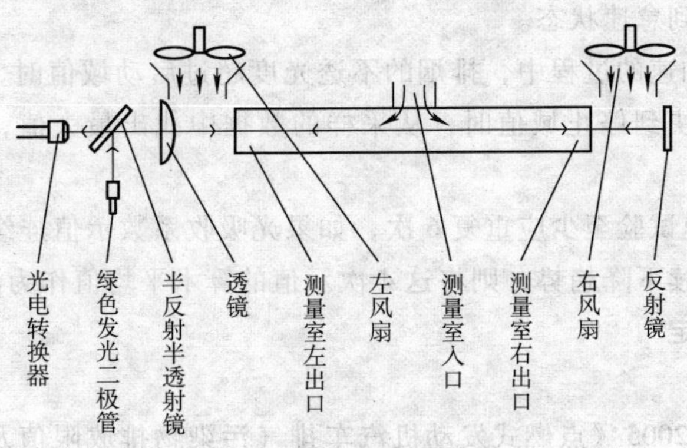

图 10-4 消光式烟度计结构及原理示意图

【任务实施】

一、检测前的准备

1. 仪器的准备

1）通电之前，检查指示表指针是否在机械零点上，否则进行校零。

2）通电后进行仪器预热。

3）对于滤纸式烟度计，用标准色纸检查指示表指针是否符合染黑度数据，并进行调整。

2. 车辆的准备

1）必须确保发动机处于热状态，并且机械状态良好。

2）发动机应充分预热，例如：在发动机机油标尺孔位置测得的润滑油温度应至少为80℃；如果温度低于80℃，发动机也应处于正常运转温度。因车辆结构，无法进行温度测量时可以通过其他方法使发动机处于正常运转温度（如通过控制发动机冷却风扇）。

3）采用至少三次自由加速过程或其他等效方法对排气系统进行吹拂。

4）排气系统不得有泄漏。

5）应保证取样管插入深度不小于300mm，否则排气管应加接管，并保证接口不漏气。

二、柴油车自由加速试验烟度检测

以南华产NHT—1消光式烟度计为例，其检测步骤如下：

1）仪器接通电源预热30min。

2）按↑键，仪器提示“请将探头放于清洁处，准备校准”。操作员按K键确认，仪器进行校准。

3）将探头插入汽车排气管内，使汽车保持怠速状态，仪器确定启动和停止试验的域值。

4）怠速状态检测完成后操作员按仪器提示“请加速”，迅速踩下车辆的节气门踏板，使发动机升至高转速，当仪器出现“请减至怠速，并保持”的提示后，立即松开节气门踏板，使发动机恢复到怠速状态。

5）仪器在急剧加速的过程中，排烟的不透光度超过启动域值时，便开始自动采集数据，一直到不透光度快到停止域值时，从采样的数据中找出最大值，作为本次的测量结果。

6）汽车自由加速试验至少应重复6次，如果光吸收系数示值连续4次均在0.25m的带宽内，并且没有连续下降趋势，则将这4次示值的算术平均值作为测量结果。

三、检测结果判定

1. 检测标准

根据GB 18285—2005《点燃式发动机汽车排气污染物排放限值及测量方法（双怠速法及简易工况法）》的规定，装配压燃式发动机的车辆自由加速试验尾气可见污染物限值见表10-3和表10-4。

表10-3 装配压燃式发动机的车辆自由加速试验排气可见污染物限值

车 辆 类 型	光吸收系数/m^{-1}
2001年1月1日以后上牌照的在用车	2.5
2001年1月1日以后上牌照的在用车装配废气涡轮增压器的在用车	3.0

表10-4 装配压燃式发动机的车辆自由加速试验烟度排放限值

车 辆 类 型	烟度值/Rb
1995年7月1日以前生产的在用车	4.7
1995年7月1日起生产的在用车	4.0

2. 检测结果分析

柴油车自由加速烟度超过标准时，主要原因是柴油机供油系统调整不当所致，此外柴油机曲柄连杆机构的技术状况及柴油质量等对烟度排放也有影响。

工作任务单

学习情境10 汽车尾气检测			
车辆型号：		车辆识别代码：	
班级：	姓名：	学号：	成绩：
日期：	指导教师签字：		

一、写出下列词语的英文缩写

废　气________________　　烟度________________

红外线________________　　过滤________________

二、完成检测实训项目工作任务报告单

1. 实训目的

(1) 熟悉汽车尾气检测仪的基本结构和工作原理。

(2) 掌握汽油车尾气的检测方法。

(3) 掌握柴油车烟度的检测方法。

(4) 能对检测结果进行评判。

2. 实训设备及器材

____

____

____

3. 实训内容及操作方法

(1) 汽油车尾气检测。

检测步骤：______________________________

____

____

____

____

____

____

____

检测结果：

排气分析仪型号：	转速仪型号：	点火正时仪型号：
大气压力：	大气温度：	
试验地点：	试验人员：	试验日期：

序号	车型	车号	怠速试验								高怠速试验							
			转速/(r/min)	点火提前角	CO(%)			$HC \times 10^{-6}$			转速/(r/min)	点火提前角	CO(%)			$HC \times 10^{-6}$		
					最低值	最高值	平均值	最低值	最高值	平均值			最低值	最高值	平均值	最低值	最高值	平均值

结果判定分析：

是否合格：

原因分析：

(2) 柴油车烟度检测。

检测步骤：

检测结果：

结果判定分析：

是否合格：

原因分析：

三、回答下列问题

(1) 检测结果发现 CO 超标，有哪些因素引起？

(2) HC 的排放量受哪些因素影响？

学习情境 11

汽车噪声检测

学习目标：

通过本学习情境的学习，需要做到：

1）能够描述汽车噪声的评价指标。

2）能够阐述汽车噪声源及其影响。

3）能够制订工作计划并完成汽车噪声的检测工作任务。

4）能对检测结果进行分析判定。

情境描述：

车主发现自己驾驶的轿车最近噪声明显加大，影响了乘员的乘车环境，也影响了驾驶员的操作，于是将车开到汽车维修站，要求测试和解决。维修主管请你承接此项工作并圆满完成任务。

咨询：

要完成上述工作，必须具备的知识和技能有：

1）汽车噪声的评价指标。

2）汽车噪声的检测内容。

3）汽车噪声检测设备的结构、原理和使用方法。

4）国家相关的检测标准。

根据以上分析，汽车车速表检测的学习情境可通过实施以下两个工作任务来完成：

- 汽车噪声分析。
- 汽车噪声检测。

工作任务1　汽车噪声分析

【基础知识】

一、汽车噪声的形成及其危害

噪声是指那些人们不需要的、令人厌恶的或对人类生活和工作有妨碍的声音。

汽车是一个综合噪声源，由行驶的汽车所产生的综合的声辐射称为汽车噪声。根据汽车噪声对环境的影响，可将汽车噪声分为车外噪声和车内噪声。

（1）车外噪声　车外噪声是指汽车各部分噪声辐射到车外空间的那部分噪声，其噪声源主要包括发动机噪声、排气噪声、轮胎噪声、制动噪声和传动系统噪声等。车外噪声主要影响车外道路两旁的声学环境。

（2）车内噪声　车内噪声是指车厢外的汽车各部分噪声通过各种声学途径传入车内的那部分噪声，以及汽车各部分振动通过各种振动传递路径激发车身板件的结构振动向车厢内辐射的噪声。这些噪声声波在车内空间声学特性的制约下，生成较为复杂的混响声场，从而形成车内噪声。通过声学途径传入车内的汽车噪声来自发动机噪声、排气噪声、空气动力学噪声、轮胎噪声和传动系统噪声等。通过振动途径激发车身板件振动的汽车激振源包括发动机振动、传动系统振动和路面振动等。车内噪声主要影响车内的声学环境。

噪声对人体的危害是多方面的，噪声使人听力下降，甚至耳聋。在噪声影响下，也可以诱发一些疾病。噪声作用于人的中枢神经系统，使大脑皮层兴奋和抑制失调，产生头痛、头晕、脑胀、耳鸣、失眠、心慌等症状。噪声还可以影响人的其他系统，如消化系统、内分泌系统等。总之，噪声不仅能引起人体的生理改变和损伤，而且还能导致对心理、生活和工作的不利影响，因此，控制噪声污染越来越受到人们的重视。

二、噪声的评价指标

噪声的评价指标有声压和声压级两个。

1. 声压

声压是声学中表示声音强弱的指标。当声音在空气中传播时，引起空气压力的起伏变化，这个压力的变化量称之为声压，声音越大，声压也越大。声压的单位与压力单位相同，为帕斯卡（Pa）。正常人耳刚刚能听到的声压（称为听阈声压）是 2×10^{-5}Pa；刚刚使人耳产生疼痛感觉的声压（痛阈声压）是20Pa，痛阈声压是听阈声压的 10^6 倍。

2. 声压级

由于以声压计量数值太大，使用起来不方便，加之人们对声音强弱变化的感觉与声压的相对变化量有关，故实际上采用了对声音进行相对变化比较的无量纲单位“声压级”来作为噪声的测量单位。声压级的单位是分贝（dB），其定义为

$$L_p = 20\lg\frac{p}{p_0} \tag{11-1}$$

式中　L_p——声压级（dB）；

p——声压（Pa）；

p_0——基准声压（取 2×10^{-5}Pa）。

采用声压级之后，就将相差 10^6 倍的可听声压范围，简化成 0～120dB 的声压级变化，它既符合人耳对声音的主观感觉，也便于表示。

三、汽车噪声的控制措施

1．发动机噪声的改善

发动机噪声是汽车噪声的主要噪声源，可通过如下方法来降低其噪声：改造发动机燃烧过程以降低燃烧爆发的冲击；降低由此冲击产生的激振力而引起的导致噪声的发动机各部件的振动；降低由活塞的上、下运动，曲轴转动引起的不平衡力以及降低发动机机械振动等。

2．降低辐射噪声

为了降低发动机、传动系统、排气系统表面产生的辐射噪声，不仅要降低激振力，而且应改善结构的振动特性，达到即使有激振力，也不易产生噪声的效果。例如通过用仿真计算方法推测发动机缸体、油底盘表面产生的辐射噪声，用振动特性优化方法，采取在轻量化基础上达到最佳效果的措施。

3．降低排气噪声

在利用消声器降低排气出口的噪声方法方面，随着仿真计算方法精度的提高，可以达到在不增加排气阻力的条件下改善消声效果的水平。另一方面在排气口对排气噪声施加相位差为 180°的次级声源，达到降低噪声效果的主动消声器也正在开发研究中。

4．降低轮胎噪声

随着轮胎测试技术及仿真技术的进步，其噪声的产生机理逐渐得到掌握。通过改善胎面形状、橡胶材质等，已使轮胎噪声有较大改善。由于等速行驶噪声中，轮胎噪声占主要部分，因此有必要同时对路面状况进行改善。但这方面的工作更为困难。

解决汽车的噪声是一项涉及到整车方面的技术问题，包括发动机的结构、材料质量分布、工艺水平、装配密封性等。实际上，一辆汽车噪声的大小已经反映出这辆车的质量和技术性能的高低了。

工作任务2　汽车噪声检测

【基础知识】

一、汽车噪声检测设备

汽车噪声的检测，通常采用声级计（俗称分贝器）。

1．声级计结构

声级计一般由传声器、放大器、衰减器、计权网络、检波器、指示仪表和电源等组成，如图 11-1 所示。

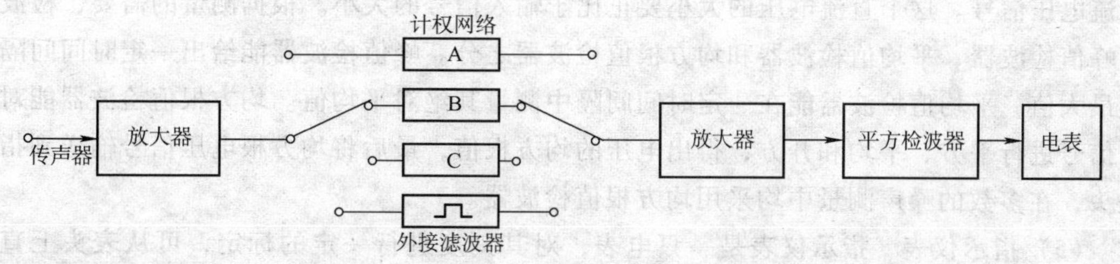

图 11-1　声级计原理

（1）传声器　传声器是把声压信号转变为电压信号的装置，也称之为话筒，它是声级计的传感器。常见的传声器有晶体式、动圈式和电容式数种。

动圈式传声器由振动膜片、可动线圈、永久磁铁和变压器等组成。振动膜片受到声波压力以后开始振动，并带动着和它装在一起的可动线圈在磁场内振动以产生感应电流。该电流根据振动膜片受到声波压力的大小而变化。声压越大，产生的电流就越大，声压越小，产生的电流也越小。

电容式传声器主要由金属膜片和靠得很近的金属电极组成，实质上是一个平板电容。金属膜片与金属电极构成了平板电容的两个极板，当膜片受到声压作用时，膜片便发生变形，使两个极板之间的距离发生了变化，于是改变了电容量，测量电路中的电压也发生了变化，实现了将声压信号转变为电压信号的作用。电容式传声器是声学测量中比较理想的传声器，具有动态范围大、频率响应平直、灵敏度高和在一般测量环境下稳定性好等优点，因而应用广泛。由于电容式传声器输出阻抗很高，因而需要通过前置放大器进行阻抗变换，前置放大器装在声级计内部靠近安装电容式传声器的部位。

（2）放大器和衰减器　由于传声器将声压转变为电压的能量很小，故安装了放大器，将微弱的电信号放大。一般采用两级放大器，即输入放大器和输出放大器。

输入衰减器和输出衰减器是用来改变输入信号的衰减量和输出信号衰减量的，以便使表头指针指在适当的位置。输入放大器使用的衰减器调节范围为测量低端，输出放大器使用的衰减器调节范围为测量高端。许多声级计的高、低端以 70dB 为界限。

（3）计权网络　为了模拟人耳听觉在不同频率有不同的灵敏性，在声级计内设有一种能够模拟人耳的听觉特性，把电信号修正为与听感近似值的网络，这种网络叫作计权网络。通过计权网络测得的声压级，已不再是客观物理量的声压级（叫线性声压级），而是经过听感修正的声压级，叫作计权声级或噪声级。

计权网络有 A、B、C 三种，分别记作 dB（A）、dB（B）和 dB（C）。A 计权声级是模拟人耳对 55dB 以下低强度噪声的频率特性，B 计权声级是模拟 55～85dB 的中等强度噪声的频率特性，C 计权声级是模拟高强度噪声的频率特性。三者的主要差别是对噪声低频成分的衰减程度不同，A 衰减最多，B 次之，C 最少。A 计权声级由于其特性曲线接近于人耳的听感特性，因此是目前世界上噪声测量中应用最广泛的一种，许多与噪声有关的国家规范都是按 A 声级作为指标的。

(4) 检波器和指示表头　检波器的作用是把迅速变化的电压信号转变成变化较慢的直流电压信号。这个直流电压的大小要正比于输入信号的大小。根据测量的需要，检波器有峰值检波器、平均值检波器和均方根值检波器之分。峰值检波器能给出一定时间间隔中的最大值，平均值检波器能在一定时间间隔中测量其绝对平均值。均方根值检波器能对交流信号进行平方、平均和开方，得出电压的均方根值，最后将均方根电压信号输送到指示表头，在多数的噪声测量中均采用均方根值检波器。

(5) 指示仪表　指示仪表是一只电表，对其刻度进行一定的标定，可从表头上直接读出噪声级的分贝值。目前，测量噪声用的声级计，表头响应按灵敏度可分为四种：

1）"慢"。表头时间常数为 1000ms，一般用于测量稳态噪声，测得的数值为有效值。

2）"快"。表头时间常数为 125ms，一般用于测量波动较大的不稳态噪声和交通运输噪声等。快挡接近人耳对声音的反应。

3）"脉冲或脉冲保持"。表针上升时间为 35ms，用于测量持续时间较长的脉冲噪声，如压力机等，测得的数值为最大有效值。

4）"峰值保持"。表针上升时间小于 20ms，用于测量持续时间很短的脉冲声，如枪、炮和爆炸声，测得的数值是峰值，即最大值。

2. 声级计的工作原理

由传声器将声音转换成电信号，再由前置放大器变换阻抗，使传声器与衰减器匹配。放大器将输出信号加到计权网络，对信号进行频率计权（或外接滤波器），然后再经衰减器及放大器将信号放大到一定的幅值，送到有效值检波器（或外接电平记录仪），在指示表头上给出噪声声级的数值。

二、汽车噪声的检测内容

汽车噪声的检测内容有：汽车匀速和加速行驶车外噪声检测、车内噪声检测、车辆定置噪声检测。

1. 加速噪声

加速噪声由于其能反映出汽车在常用工况下车辆的最大噪声，特别是在市区行驶时的最大噪声，目前被大部分工业国家列入汽车定型试验的必测项目，成为考核汽车整车噪声的主要指标，其值也基本反映了各国在控制汽车噪声方面所达到的技术水平。

2. 车内噪声

车内噪声是影响乘员的舒适性、听觉损害程度、语言清晰度以及对车外各种音响信号识别能力的重要因素，目前我国仅制定了匀速行驶车内噪声试验方法，而欧、美、日等国除制定了匀速行驶车内噪声试验方法，还制定了车辆加速行驶和车辆静止状态下发动机怠速工况和加速工况对车内各个区域位置影响的测量方法。

3. 车辆定置噪声

车辆定置噪声主要是针对排气噪声和发动机噪声。欧、美、日车型试验中都规定车辆必须进行定置噪声测量，我国曾参照 ISO 5130—1982，制定了《机动车辆噪声定量测量方法》。

4. 车外匀速行驶噪声和轮胎噪声

我国 GB 1496—1979 只规定了测试 50km/h 一种车速的车外匀速行驶噪声测量方法。匀速行驶车外噪声试验在许多国家都已不再列入车型试验，主要是方法和交通噪声的实际状态对应差，且与加速行驶噪声试验比较，其结果的再现性也差，且已经进行加速行驶噪声测量，没有必要再做匀速噪声测量。

【任务实施】

根据 QC/T 58—1993《汽车加速行驶车外噪声测量方法》的规定，其测量条件和检测方法如下。

一、汽车噪声测量条件

1．测量场地

1）如图 11-2 所示，测量场地应平坦、空旷，在测量区以 O 点为中心以 50m 为半径的范围内，应没有大的声音反射物，如建筑物、围墙、小山坡、树木或标声牌等。

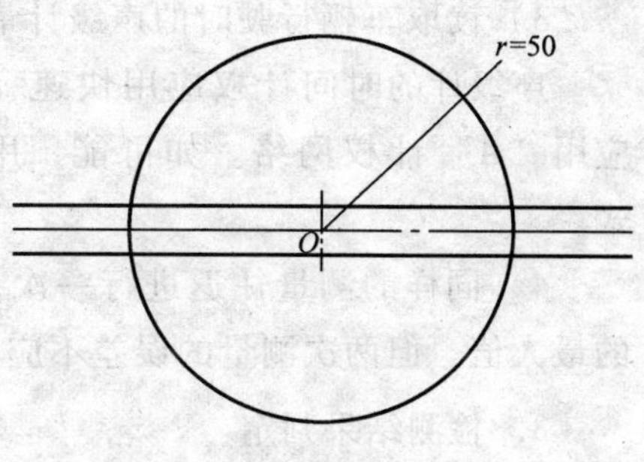

图 11-2　测量场地

2）在测量区以 O 点为中心以至少 10m 为半径的范围内，场地应是沥青或混凝土或类似坚实材料铺装的平整、干燥路面，并且没有积雪、高草、松土、炉灰等类似吸声材料。

3）场地测量区的跑道应平直，且足够长。跑道表面应不造成过高的轮胎噪声。

2．测量环境

1）测量应在良好天气中进行。测量时在传声器高度的风速不超过 5m/s。当风速大于 3m/s 时应使用防风罩，且防风罩不应影响声级计的灵敏感。应将测得的风速和风向进行记录。

2）背景噪声（包括风噪声）应比被测噪声级至少低 10dB（A），并保证测量不被偶然的其他声源所干扰。应将测得背景噪声值进行记录。

3）测量时测量区不得站人。声级计（与传声器没有延伸电缆连接时）附近除测量者外，不应有其他人。测量者也应站在对仪表读数影响较小的位置。

3．被测车辆

1）汽车不载重，不带挂车或半挂车（不可分解的车除外）。

2）汽车有不只一个驱动轴时，应选用公路上正常行驶所用的驱动方式。

3）汽车技术状况应良好，并符合该车的技术条件和 GB/T 12534 的规定。

二、汽车加速行驶车外噪声检测

1．测量区及传声器布置

1）测量区按图 11-3 所示规定。加速段长度为 2×(10±0.05)m，O 点为测量区中心，AA 为加速始端线，BB 为加速终端线，CC 为行驶中心线。

2）传声器应固定在离地高(1.2±0.05)mm，与 CC 线水平距离(7.5±0.05)m 处的位置，其参考轴线应水平并垂直指向行驶中心线 CC。

2. 检测方法

1）汽车按下列规定稳定地行驶到始端线 AA。

手动变速器汽车 4 挡以上挂Ⅲ挡，4 挡以下汽车挂Ⅱ挡，自动变速器汽车用在试验区加速最快的挡位；接近速度为 50km/h 或发动机转速为其额定转速 3/4 时的车速。

2）当汽车行驶到始端线 AA 时立即迅速将加速踏板踩到底并保持不变，直到车辆后端到达终端线时，立即停止加速。

3）读取车辆行驶时的声级计最大读数。

声级计的时间计权应用快速（F），频率计权应用“A”计权网络。如可能，用最大值保持模式。

4）同样的测量往返进行一次，取两次测量中的最大值。但两次测量的误差不应大于 2dB。

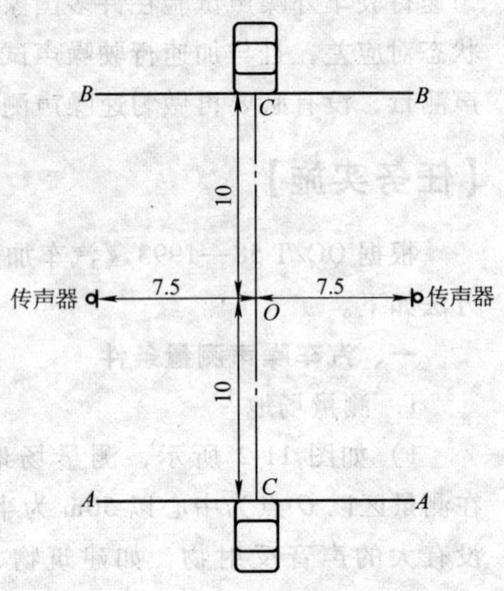

图 11-3 测量区及传声器布置

3. 检测结果判定

汽车加速行驶时，其车外最大噪声级不应超过表 11-1 规定的限值。

表 11-1 汽车加速行驶车外噪声限值

汽车分类	噪声限值 dB（A）	
	第一阶段 2002. 10. 1 ~ 2004. 12. 30 期间生产的汽车	第二阶段 2005. 1. 1 以后生产的汽车
M_1	77	74
M_2（$GVM \leq 3.5t$）或 N_1（$GVM \leq 3.5t$）：		
$GVM \leq 2t$	78	76
$2t < GVM \leq 3.5t$	79	77
M_2（$3.5t < GVM \leq 5t$）或 M_3（$GVM > 5t$）：		
$P < 150kW$	82	80
$P \geq 150kW$	85	83
N_2（$3.5t < GVM \leq 12t$）或 N_3（$GVM > 12t$）：		
$P < 75kW$	83	81
$75kW \leq P \leq 150kW$	86	83
$P \geq 150kW$	88	84

说明：

a）M_1、M_2（$GVM \leq 3.5t$）和 N_1 类汽车装用直喷式柴油机，其限值增加 1dB（A）。

b）对于越野汽车，其 $GVM > 2t$ 时：

如果 $P < 150kW$，其限值增加 1dB（A）；

如果 $P \geq 150kW$，其限值增加 2dB（A）。

c）M_1 类汽车，若其变速器前进挡多于四个，$P > 140kW$，P/GVM 之比大于 75kW/t，并且用第三挡测试时其尾端出线的速度大于 61km/h，则其限值增加 1dB（A）。

注：GVM—最大总质量 t；P—发动机额定功率 kW。

三、车内噪声检测

1. 车内噪声测量条件

除前述测量条件外，进行车内噪声测量时还应满足：

1）车辆门窗应关闭。

2）车内带有其他辅助设备是噪声源，测量时是否开动，应按正常使用情况而定。

3）车内本底噪声比所测车内噪声至少低 10dB，并保证测量不被偶然的其他声源所干扰。

4）车内除驾驶员和测量人员外，不应有其他人员。

2. 车内噪声测点位置

车内噪声测点位置如图 11-4 所示。

1）车内噪声测量通常在人耳附近布置测点。话筒朝车辆前进方向。

2）驾驶室车内噪声测量位置为驾驶员座位上方(750 ± 10)mm，靠背前方(200 ± 50)mm。

3）载客车室内噪声测点可选在车箱中部及最后排座的中间位置，测量高度为座位上方(750 ± 10)mm。

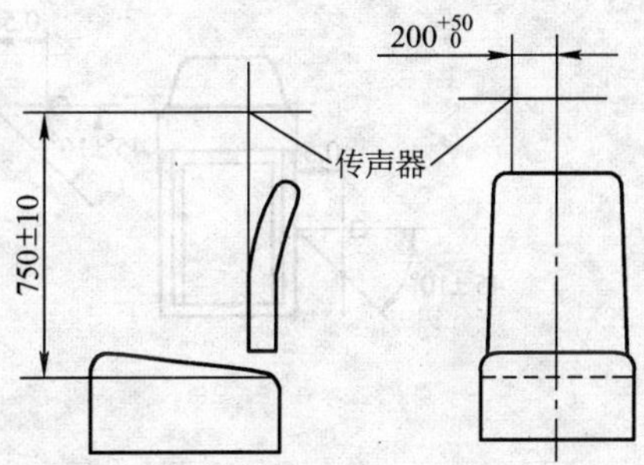

图 11-4 驾驶室内噪声测点的位置

3. 车内噪声测量方法

1）车辆以常用挡位 50km/h 以上不同车速匀速行驶，分别进行测量。

2）用声级计“慢”挡测量 *A*、*C* 计权声级。分别读取表头指针最大读数的平均值。

3）做车内噪声频谱分析时应包括中心频率为 31.5Hz、63Hz、125Hz、250Hz、500Hz、1000Hz、2000Hz、4000Hz、8000Hz 的倍频带。

4. 检测结果判定

客车车内最大噪声级不大于 79dB。

四、汽车定置噪声检测

1. 排气噪声测量

(1) 传声位置　传声位置如图 11-5 所示。

1）传声器与排气口端等高，在任何情况下距地面不得小于 0.2m。

2）传声器的参考轴应与地面平行，并和排气口气流方向成 45° ± 10°的夹角（外侧）。传声器朝向排气口。距排气口端 0.5m，放在车辆外侧。

3）车辆装有两个或更多个排气管，且排气管之间的间隔不大于 0.3m，并联接于一个消声器时，只需取一个测量。传声器应选择位于最靠近车辆外侧的那个排气管。如果两个或两个以上的排气管同时在垂直于地面的直线上，则选择离地面最高的一个排气管。

4）装有多个排气管，并且各排气管之间的间隔又大于 0.3m 的车辆对每一个排气管都要测量，并记录下其最高声级。

5）排气管垂直向上的车辆，传声器放置高度应与排气管口等高，传声器朝上，其参考轴应垂直地面。传声器应放在离排气管较近的车辆一侧，并距排气口 0.5m。

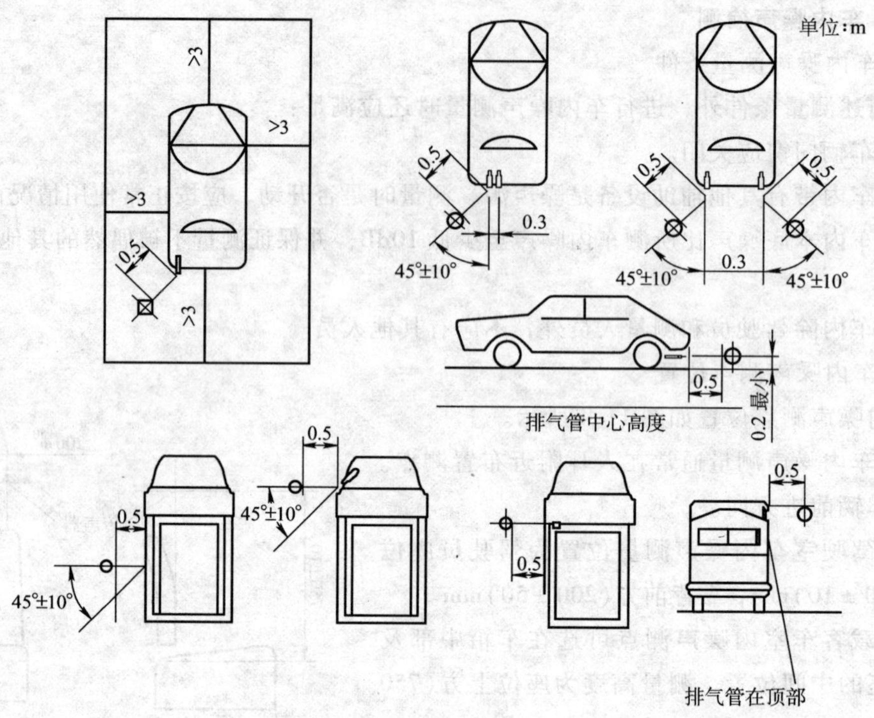

图 11-5　排气噪声的测量场地和传声器位置

6）车辆由于设计原因（如备胎、油箱、蓄电池等）不能满足 GB/T 14365—1993 中 5.3.1.1 和 5.3.1.2 规定的放置时，应画出测点图，并标注传声器选择的位置。传声器朝向排气口，放在尽可能满足条件，并距最近障碍物大于 0.2m 的地方。

（2）发动机运转条件　发动机测量转速：

汽油机车辆取 $3/4n_r \pm 50$r/min。

柴油机车辆取 $3/4n_r \pm 50$r/min。

式中　n_r——指生产厂家规定的额定转速。

（3）测量方法　测量时，发动机稳定在上述转速后，测量由稳定转速尽快减速到怠速过程的噪声，然后记录下最高声级。

2. 发动机噪声测量

（1）传声位置　传声位置如图 11-6 所示。传声器放置高度距地面 0.5m，并朝向车辆，放在没有驾驶员位置的车辆一侧。距车辆外廓 0.5m，传声器参考轴平行地面，位于一垂直平面内，该垂直平面的位置取决于发动机的位置。前置发动机的垂直平面通过前轴；后置发动机的垂直平面通过后轴；中置发动机的垂直平面通过前后轴距的中点。

（2）测量方法　测量时，发动机从怠速尽可能快地加速到前面所规定的转速，并用一种合适的装置保持必要长的时间。测量由怠速加速到稳定转速过程的噪声，然后记录下最大噪声。

3. 检测结果判定

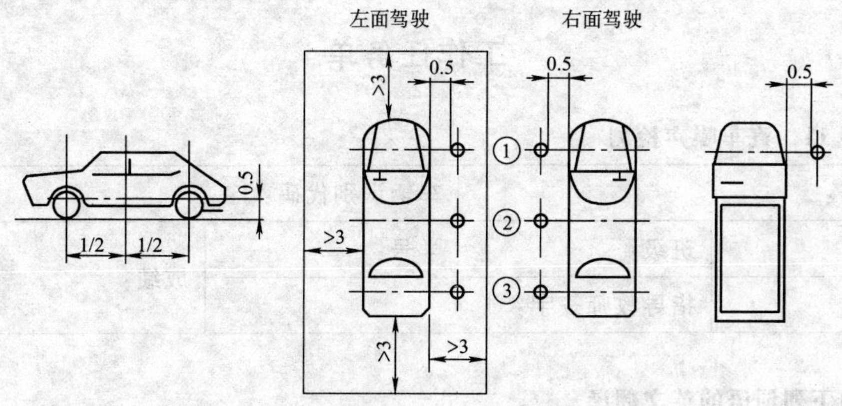

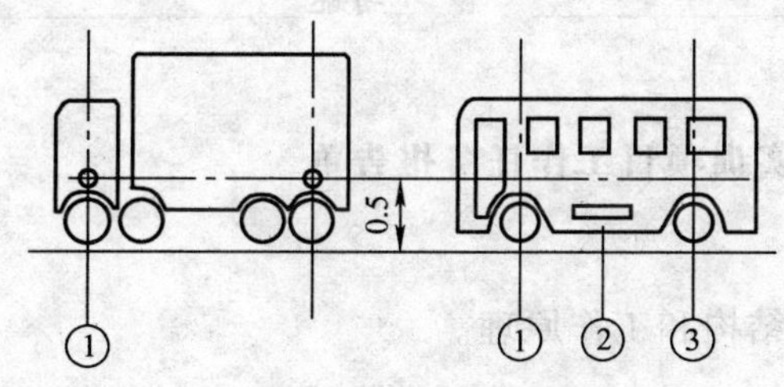

图 11-6 发动机噪声的测量场地和传声器位置

汽车定置噪声限值标准见表 11-2。

表 11-2 汽车定置噪声限值 （单位：dB（A））

车辆类型	燃料种类		车辆出厂日期	
			1998 年 1 月 1 日以前	1998 年 1 月 1 日以后
轿车	汽油		87	85
微型客车、货车	汽油		90	88
轻型客车、货车 越野车	汽油	$n_r \leqslant 4300$r/min	94	92
		$n_r > 4300$r/min	97	95
	柴油		100	98
中型客车、货车 大型客车	汽油		97	95
	柴油		103	101
重型货车	$p \leqslant 147$kW		101	99
	$p > 147$kW		105	103

注：p—汽车发动机额定功率；n_r—发动机额定转速。

工作任务单

学习情境11　汽车噪声检测			
车辆型号：		车辆识别代码：	
姓名：	班级：	学号：	成绩：
日期：	指导教师签字：		

一、写出下列词语的英文翻译

噪声＿＿＿＿＿＿＿＿　声级＿＿＿＿＿＿＿＿

加速＿＿＿＿＿＿＿＿　匀速＿＿＿＿＿＿＿＿

二、完成汽车噪声检测实训项目工作任务报告单

1. 实训目的

（1）熟悉声级计的基本结构和工作原理。

（2）掌握汽车噪声的检测方法。

（3）能对噪声检测结果进行分析判定。

2. 实训设备及器材

＿＿＿＿＿＿＿＿＿＿＿＿＿＿＿＿＿＿＿＿＿＿＿＿

＿＿＿＿＿＿＿＿＿＿＿＿＿＿＿＿＿＿＿＿＿＿＿＿

＿＿＿＿＿＿＿＿＿＿＿＿＿＿＿＿＿＿＿＿＿＿＿＿

＿＿＿＿＿＿＿＿＿＿＿＿＿＿＿＿＿＿＿＿＿＿＿＿

3. 实训内容及操作方法

（1）汽车加速和匀速行驶车外噪声测量。

将测量记录填入下表：

汽车加速及匀速行驶车外噪声测量记录表

天气＿＿＿＿＿＿风速（m/s）＿＿＿＿＿＿风向＿＿＿＿＿＿大气压力（kPa）＿＿＿＿＿＿

测量地点＿＿＿＿＿＿路面状况＿＿＿＿＿＿汽车里程表读数（km）＿＿＿＿＿＿

汽车额定载额数（人）或整车整备质量（t）＿＿＿＿＿＿背景噪声（dB）＿＿＿＿＿＿

发动机：型号＿＿＿＿＿＿额定功率（kw）＿＿＿＿＿＿额定转速（r/min）＿＿＿＿＿＿

变速器：型号＿＿＿＿＿＿前进挡位数＿＿＿＿＿＿种类（手动、自动或其他）＿＿＿＿＿＿

声级计：型号＿＿＿＿＿＿制造厂＿＿＿＿＿＿精度等级＿＿＿＿＿＿

试验工况	测量位置	次数	接近速度/（km/h）或发动机转速/（r/min）	测量声级/dB（A）	各工况结果/dB（A）	备注
加速试验	左侧	1				
		2				
	右侧	1				
		2				
匀速试验	左侧	1				
		2				
	右侧	1				
		2				

（2）汽车排气噪声测量。

测量方法：

测量结果：

结果判定：

（3）发动机噪声测量。

测量方法：

测量结果：

结果判定：

三、回答下列问题

（1）汽车噪声超标的原因有哪些？

（2）如何正确使用声级计？

（3）如何减轻汽车噪声对人和环境的损害？

参考文献

[1] 高延龄. 汽车运用工程 [M]. 北京：人民交通出版社，1999.

[2] 李军. 汽车使用性能与检测技术 [M]. 北京：人民交通出版社，2002.

[3] 仇雅莉，胡光辉. 汽车检测诊断技术与设备 [M]. 北京：电子工业出版社，2008.

[4] 安相璧，马麟丽. 汽车检测诊断技术 [M]. 北京：北京理工大学出版社，2005.

[5] 周龙保. 内燃机学 [M]. 北京：机械工业出版社，2005.

[6] 孙成刚，王超. 汽车检测与诊断技术 [M]. 北京：北京理工大学出版社，2008.